唐洁 等◎著

家校社协同育人

清华附中的理念与实践

清华附中学生发展丛书

清华大学出版社
北京

图书在版编目 (CIP) 数据

家校社协同育人：清华附中的理念与实践 / 唐洁等著. -- 北京：清华大学出版社，2025. 9. -- (清华附中学生发展丛书). -- ISBN 978-7-302-70304-4

Ⅰ. G636

中国国家版本馆CIP数据核字第20252606W0号

责任编辑：肖　路
封面设计：刘　芳
责任校对：王淑云
责任印制：杨　艳

出版发行：清华大学出版社
　　　　　网　　址：https://www.tup.com.cn, https://www.wqxuetang.com
　　　　　地　　址：北京清华大学学研大厦A座　　　　邮　　编：100084
　　　　　社 总 机：010-83470000　　　　邮　　购：010-62786544
　　　　　投稿与读者服务：010-62776969, c-service@tup.tsinghua.edu.cn
　　　　　质量反馈：010-62772015, zhiliang@tup.tsinghua.edu.cn
印 装 者：天津鑫丰华印务有限公司
经　　销：全国新华书店
开　　本：165mm×235mm　　　印　　张：14.75　　　字　　数：135千字
版　　次：2025年9月第1版　　　　　　　　　　印　　次：2025年9月第1次印刷
定　　价：69.00元

产品编号：114516-01

清华附中学生发展丛书
编审委员会

总主编

方　妍　白雪峰

编审委员会委员（按姓氏拼音排序）

曹海翔　岑逸飞　李冰清　李劲松　李书霞　刘贝贝

任星阳　孙书明　唐　洁　王　田　魏　磊　徐文兵

杨国兴　杨　瑞　尹粉玉　于　洺　张　彪　张　洁

张日月　张　苏　赵　欢　周建军　周　俊

本书著者

主要著者

唐　洁

参与著者（按姓氏拼音排序）

陈毅红　丁晓丹　范　琼　冯　莹　黄　奕　贾效伟

蒋石竹　赖晓燕　雷　蕾　李冰清　刘芳菲　刘水平

刘雪茹　钱嘉林　钱娅艳　屈小鹏　时　萍　孙慧皎

王　瑶　文　林　熊妍妍　徐琢瑶　杨慧娟　杨立春

战　毅　张东滨　张丽新　张晓艳　张云娜　郑雪兰

朱　宁　左婷婷

有梦想的人，在哪里都自带光芒

谈及清华附中的家校工作，同事们总会忆起2021年那次看似寻常却意义深远的家委会例会。当时，家委们汇报着年级工作，氛围却透着一丝拘谨与被动，家校关系仿佛隔着一层薄纱。我深知，这些家长精英们满怀热忱，渴望奉献，却常感到"听招呼就好"，不敢畅想更多。

然而，一线教育的深耕与时代发展的洞察让我坚信：未来学校必须打破围墙，师生、家长需结成平等互助的学习者同盟。家委会不应止步于"桥梁"或"传声筒"，更应成为家长终身学习的组织者，引领家长提升素养，成为孩子的榜样。那次会上，我描绘了心中的蓝图：家委会要主动作为，凝聚数千家庭之力，成立多元家长社团，开展自主教育活动，将家长的终身成长视为家校双方共同的事业。

在信任的目光中，困惑逐渐渐消散，惊喜接踵而至：一周内，崭新的家委会章程诞生；四大部门（终身学习部、社团公益部、组织宣传部、综合保障部）迅速组建；水木清芬读书会、清小鸭家庭成长社、生涯社、相伴跑团、水木清芬书画社、观影社、健康社相继成立。家长学校课程、沙龙、论坛相继开展，"清华附中家校共育"微信公众号成为响亮的自教育品牌。

校家社协同育人，道阻且长。家委会作为松散组织，何以凝聚人心，攻坚克难？这正是本书欲解答的核心命题。作为此项工作的带头人和全程参与者，我有三点感悟。

其一，理念的引领是根基。学校领导需深刻理解教育本质，以先进理念营造尊重包容的文化，赢得家长与社会信任。学校应是开放的学习中心，教师、学生、家长皆为平等伙伴。

其二，创新的价值是动力。家委会成员甘于奉献，源于工作本身充满"意义"。创意得以实现，付出惠及他人，自身亦获成长，家庭更添幸福——这便是无与伦比的成就感与价值感。

其三，舞台的搭建是关键。家委会功能的重新定位，为有教育理想、创业激情与奉献精神的家长搭建了追求梦想的舞台。他们既能以教育者、学习者的身份深度参与孩子成长，又在奉献中认可自我、提升能力，体悟生命意义。

在此，我谨代表学校，向所有为家校社工作倾注心血的家长、志愿者、家委会成员、社会学者及热心人士，致以最崇高的敬意！我们也要特别感谢王田老师（现任清华附中永丰学校执行校长）和李书霞老师（现任清华附中上地学校执行校长），在家委会筹建与探索初期，他们担任学生发展中心主任，以极大的热情和责任感投入这项事业，亲历并推动了家委会从无到有、从有到善的全过程。同时，我也衷心感谢学生发展中心的张悦、聂文婷老师，在家委会尚未正式成立前，她们就已默默耕耘在家校联系的一线，为后续工作的顺利开展奠定了重要基础。本书凝聚了我们共同的热情、勇气与智慧，为教育强国背景下深化"教联体"建设提供了宝贵的"清华附中方案"。

诚如清华附中家委会原会长李恩杨妈妈所言："我们每一位父母都应努力做灯塔型家长——点亮自己，温暖家人，互相守望，携手同行，开放共享，贡献社会。"清华附中的家委会，正是清华精神与附中传统的生动载体。这里汇聚着一群有梦想的人，他们努力发光发热，照亮自己，也照亮了孩子们的未来发展之路。

白雪峰

2025 年夏末

目录

第四章　社团公益部 / 147

第一章

家校社协同育人模式

在教育改革持续深化的当下，家校社协同育人作为一种创新且全面的教育模式，正逐渐成为教育领域的核心议题。近年来，随着《中华人民共和国家庭教育促进法》的颁布，家庭教育从"家事"上升为"国事"。与此同时，《关于健全学校家庭社会协同育人机制的意见》《家校社协同育人"教联体"工作方案》等政策陆续出台，进一步推动学校、家庭、社会三方在教育上协同合作，构建起全方位、多层次的育人网络。

一、家校社协同育人的三主体

清华大学附属中学（以下简称清华附中）一直以极大的热忱与切实的努力深耕家校社协同育人事业，同家庭、社会协作，形成了合力强大的家校社协同育人共同体，明确了学校、家庭、社会彼此的角色定位及育人责任。学校作为教书育人的主阵地，拥有专业教师队伍、系统教学计划和丰富教学资源，在知识传授、技能培养和学生全面发展方面发挥主导作用。家庭是孩子成长的第一环境与教育的第一课堂，负有育人的主体责任，父母的言传身教、家庭氛围的熏陶对孩子的行为习惯养成、品格塑造和价值观形成有着深远影响。社会作为家庭教育公共服务的支撑体系，蕴含着丰富多样的教育资源，为学生拓展视野、锻炼能力提供了宝贵机会，发挥着全面育人的有效支持和服务功能。

清华附中的家校社协同育人工作开展的突出特色在于融合、创新、赋能三个方面，通过家校社协同育人共同体的建设，促进家校社共育活动的开展，实现对不同主体的赋能。其中，清华附中家委会（以下简称家委会）起到了搭平台、稳保障、聚合力、铸引擎的关键性作用。

1. 学校

教育，是国家的根本，是民族的未来。面对新时代的教育挑战，我们深刻认识到，仅靠学校的力量是远远不够的。清华附中一直以极大的热忱与切实的努力深耕协同育人事业，和家庭、社会结成了合力强大的共同体。清华附中的家校社共育工作以"共育共赢"为核心理念，明确学校、家庭、社会的育人功能及定位。家庭处于圆心最内层，是培养孩子的第一个课堂；学校位于家庭和社会之间，是孩子接受正规教育和社会化的主阵地；社会则像一所大学校，是孩子接受家庭和学校教育的有益补充。

在此基本认知的基础上，清华附中设立有学生发展中心指导下的学部班主任育人团队，心理生涯办公室，团委学生会，校级、学部、班级三级家委会，以及清华附中教育集团家校社协同育人专项工作委员会，充分发挥不同主体的育人功能。学生发展中心作为育人指导的枢纽，负责制定整体的发展规划和策略，协调和整合各部门的工作，确保各项工作的顺利开展。清华附中以"培养具有家国情怀、强健体魄、丰盈内心和国际视野的拔尖创新人才"为育人目标，形成了"做人、健体、为学"的学生发展理念，形成了以"君子文化"为重心的德育阶梯性课程。各学部是学生发展理念具体落地的单位，负责根据学校德育工作计划，开展学部层面的教育教学活动，落实学校各学段的德育阶梯性目标。

团委学生会是由学校党委领导的学生自治组织，肩负着服务同学、组织活动、推动校园文化建设的重要使命。团委负责思想政治引领、校园文化建设等工作，学生会则侧重于服务学生、组织各类活动，学生会下设主席团和多个部门，如学科部、体育部、文艺部、生活部等。各部门分工明确，协同合作，负责举办纪念"一二·九"运动革命历史短剧展演、中秋诗会、学生节等有清华附中特色的品牌活动，是学生实践活动开展的平台，也为校园文化建设做出了重要贡献。

心理办公室和生涯办公室致力于构建全方位、多层次的心理健康教育体系，面向学生、教师、家长开展全体、部分、个体的全时段心理工作，通过课程、个体辅导、团体辅导、讲座等形式，帮助学生提升心理健康水平，开展生涯规划教育，构建体系化的课程和资源。清华附中通过开设选修课、举办生涯活动等形式，帮助学生探索自我、了解职业发展机会，为其未来的职业选择和升学路径提供指导，目前已经形成德育副校长牵头、学生发展中心指导、心理办公室、生涯办公室策划实施、一线班主任为骨干、全体教师及家长积极参与的心理生涯工作网络。

2. 家委会

家委会是学校与家庭沟通的重要桥梁，在家校合作、家长引领和学生成长助力等方面发挥着核心作用。其高效运作依赖于合理的组织架构和各部门明确的职责分工。后面将详细介绍家委会的组织架构，以及各部门的主要功能、职责及相互关系。

家委会由会长、副会长及四个主要部门组成，这四个主要部门分别是组织宣传部（以下简称组宣部）、终身学习部、社团公益部和综合保障部（以下简称综保部）。各部门内部又细分了多个岗位，确保各项职能工作顺利落实。

■ 会长、副会长

会长是家委会的核心领导者，全面统筹家委会各项工作。一方面，直接对接学校德育校长和学生发展中心主任，了解学校动态及家校共育需要支持配合的事项；另一方面，协同家委会副会长、各部门部长和各学部家委会负责人，通过信息传递、活动策划、事项落实等方式，宣传家校共育理念，推动家校合作行动。副会长作为会长的得力助手，通过分管部门、分担部分职能，与会长共同支持、指导和协调各部门运作，确保信息流通顺畅、工作有效落实。

■ 组织宣传部

组宣部是家委会的关键职能部门，承担构建家委会运营管理体系、传播家校社协同育人理念与文化的重要职责。部门负责人需统筹团队，推进组织架构与制度体系的优化，并落实宣传运营工作。成员需有家委会实践经验，同时具备突出的组织领导力和文字表达能力。

在组织建设方面，部门负责人带领团队，基于实际情况，及时调整家委会组织架构，优化岗位职责。同时，部门负责人系统梳理家委会阶段性工作成果，搭建并持续完善涵盖制度规范、操作流程、活动方案的文档传承体系，牵头开展校级家委会成员及志愿者的招募工作。

在宣传运营方面，部门负责人带领团队运营"清华附中家校共育"微信公众号，围绕家校社协同举措与活动，开展内容策划、文案撰写、编辑设计及传播推广工作，精心构筑家校共育理念展示窗口。同时，部门负责人统筹大型活动的海报设计与视觉识别系统（VI），为品牌的视觉设计与制作建立规范。在日常工作中，部门负责人密切关注舆情，通过正面宣传，营造家校合作氛围，构建积极、健康的舆论生态，为家校共育的美好愿景保驾护航。

■ 终身学习部

终身学习部作为家委会的核心枢纽，通过统筹水木清芬读书会、清小鸭家庭成长社和生涯社，构建覆盖全成长周期的家校社协同育人体系。水木清芬读书会以"共读共育"为核心，成为家长自我成长与教育理念更新的重要平台，帮助家长突破认知局限，建立科学教育观。清小鸭家庭成长社以"关系赋能"为特色，通过线上理论课、线下工作坊、案例分析会等进阶式学习链路，帮助家长破解内驱力培养、亲子沟通等教育痛点。生涯社立足"内外探索"，通过"行家开讲""千职百态"等项目，整合行业资源，弥合家庭、学校、社会之间的信息断层，为学生搭建起职业认知与生涯规划的实践平台。

三者在终身学习部引领下，形成了"阅读启智、家庭聚力、生涯导航"的闭环生态——水木清芬读书会为家长提供认知底座，奠定科学的教育理念；清小鸭家庭成长社强化亲子关系，提升教育实践能力；生涯社打通发展路径，实现教育目标具象化。它们通过资源整合、需求响应与模式创新，共同构建"理念—能力—路径"三位一体的教育支持体系，推动家校社从资源协同走向价值共生。

■ **社团公益部**

社团公益部作为家校互动的活力枢纽，通过构建主题鲜明的家长社团与策划特色公益活动，着力打造家校情感联结平台。部门负责人需具备全流程项目管理经验与跨团队协调能力，统筹制订年度活动计划并督导执行。社团公益部的核心工作包括四大方向：以相伴跑团为载体开展亲子体育活动，通过线上打卡与线下赛事结合的模式，促进家庭体育锻炼与亲子关系改善；依托水木清芬书画社组织传统艺术研习活动，通过定期书法和国画课程帮助家长修身养性，缓解教育焦虑并提升美育素养；整合家长医疗资源，开展健康公益服务，包括急救培训、健康义诊和健康讲座等普惠活动，并与专业公益组织联动，策划学生志愿服务项目；统筹家校共育品牌活动，负责家校共育论坛、家长代表大会、亲子观影等大型活动的全流程管理，同时承担学校临时交办的家校互动项目，如组织家长代表参与校园文化活动观摩等。部门通过构建"兴趣聚合—情感培育—价值共创"的公益生态，持续激活家校协同的内生动力。

■ 综合保障部

综保部作为家校协同的服务中枢，承担着家委会日常运作支持与学生生活保障的双重职能。部门负责人需具备细致、严谨的工作作风与学校事务管理经验，统筹制订并执行部门年度服务计划。部门工作涵盖四大核心领域：在会务协调方面，负责家委进校参会的场地预订、流程对接及信息报备工作，确保家校沟通渠道畅通；在校服管理方面，协助学校完成供应商遴选，持续跟进校服质量反馈并推动优化改进；在生活保障方面，组织家长志愿者参与上下学交通值勤维护校园周边秩序，定期开展食堂品餐调研并反馈改进建议；在财务管理方面，严格执行"家校共育专项基金"使用规范，统筹活动物资采购及预算执行，确保资金使用透明、高效。部门通过构建"全流程闭环服务体系"，涵盖"衣食财行"四大息息相关的环节，为家委会高效运转与学生在校生活品质提升提供坚实保障。

各部门虽然职责不同，但紧密协作，共同为家委会的目标服务。组宣部通过文化建设和活动组织，为其他部门的工作营造良好氛围并提供宣传支持；终身学习部为家长和家委会成员提供学习和成长的机会，提升其整体素质，间接推动其他部门工作的开展；社团公益部开展的各类活动丰富了学校和家庭的生活，其公益活动也体现了家委会的社会责任；综保部则为其他部门的工作提供物质和后勤保障，确保各项活动顺利进行。会长、副会长则在各部门之间起到协调和统筹的作用，根据学校和家庭的需求，合理调配资源，推动各部门协同合作，共同实现家校合作的目标。

家委会通过这样科学、合理的组织架构和明确的职责分工，有效地促进了家校之间的紧密联系，为学生的成长和学校的发展贡献着重要力量。

3. 社会

清华附中在家校社协同育人中，通过"引进来"和"走出去"的方式，充分整合和利用社会资源，形成了多元化的育人模式。这种模式不仅丰富了学校的教育资源，也为学生的全面发展提供了更广阔的空间。

■ "引进来"，整合社会资源，助力校内教育

在"引进来"方面，清华附中通过创办家长学校、与社会机构合作发布倡议书、邀请教育专家和心理学者举办讲座和培训活动，丰富学校的教育资源，为家长和教师提供专业指导，提升教育水平，促进家校深度合作。

清华附中通过"引进来"的方式，将社会资源引入校园，为家长和学生提供更丰富的教育资源。例如，清华附中学院路学校创办了"成长·看见"家长学校，以

"荣耀自我、守护家庭、照亮生命"为使命，构建了"点线面"家长学校课程体系，分年级、分阶段开设课程，为家长提供系统的教育指导。

清华附中定期邀请教育专家、心理学者等举办专题讲座和培训活动。例如，曾邀请北京大学医学部的教授为清华附中的家长和教师讲解青少年学习的共性问题及原因，并提出了针对性建议。这些讲座和培训活动不仅提升了家长的教育水平，也为教师提供了专业指导，促进了家校之间的深度合作。

■ "走出去"，拓展社会空间，促进学生发展

在"走出去"方面，清华附中通过组织学生参与社会实践和研学活动，拓宽学生视野，培养其社会责任感和实践能力。同时，清华附中通过举办家校共育论坛和活动，推广家校共育理念，提升社会影响力，获得更多社会支持。

清华附中通过组织学生参与社会实践和研学活动，将学生"走出去"与社会资源相结合。例如，学校组织学生前往各地参与文化考察、自然探索等活动，让学生在实践中拓宽视野、增长见识。这些活动不仅丰富了学生的课余生活，也培养了他们的社会责任感和实践能力。

清华附中通过举办家校共育论坛和活动，将家校共育的理念推广到更广泛的社会层面。例如，学校举办全国家校共育战略发展论坛，邀请教育专家、家长和教师共同探讨家校共育的解决方案。这些论坛和活动不仅提升了家校共育的社会影响力，也为学校带来了更多的社会支持。

清华附中通过"引进来"和"走出去"两种方式，整合和利用社会资源，形成多元化的育人模式，促进学生全面发展和家校共育。

二、家委会发展纪实：一场关于教育共同体的八年实践

在清华附中的校园里，活跃着一群特殊的"编外教师"：他们清晨在校门口疏导交通，傍晚在教室陪伴自习，周末组织亲子读书会，深夜仍在修改家校共育方案。这支由家长志愿者组成的队伍，用八年时间完成了从"值勤志愿者"到"教育合伙人"的蜕变，书写了家校共育的创新范本。家委会是家校社协同育人共同体的关键一环，它从无到有的成长史，既是一部温暖的教育篇章，更是全体教师与几届家委用爱与信任共同编织的育人实践——从搭建家校沟通桥梁，到构建家校社共育

生态，他们以平凡的坚守诠释了教育的温度，用专业的探索书写了育人深度，让家校共育从理念落地为可触摸的教育现实。

1. 从"1.0"到"3.0"，一场静悄悄的教育革命

2017 年 1 月，家委会在寒冬中诞生。彼时的家委会像大多数学校的家委会一样，承担着转发通知和交通值勤的简单任务。家长们轮流在放学时戴上红袖章，指挥车辆有序通行，偶尔提醒一句："家长请靠边停车，孩子马上出来了。"这段日子被大家戏称为家委会 1.0 时代。

2021 年 5 月，转折悄然而至。白雪峰副校长在家长座谈会上的一句话"家校共育不是口号，而是行动"点燃了火花。学校领导和学生发展中心主任的支持如同一阵春风，家委会开始大胆尝试：家长志愿者轻手轻脚走进教室，用陪伴为孩子们送去温暖，开启陪伴式晚自习；家长们在咖啡香中围读教育和成长书籍，水木清芬读书会、相伴跑团等相继崛起；之后，家委会又引进优质的校外资源，包括青少年家庭养育、家庭心理、学习力，协助家委会开展系列活动，指导家长更好地理解孩子、做好助力，家校共育活动变得鲜活有趣。

短短几个月后，家委会成功举办了首届家校共育论

坛，提出"家校协同·共育共赢"的理念，请来校外专家、学校领导，给大家讲解当前的教学、教育理念……那段时间，家委会的工作蓬勃发展，成为家校社协同育人的先锋，我们称之为家委会2.0版本。很多经验丰富的专家听到家委会能做这么多事，而且如此有章法，都表达了由衷的赞叹。但我们自知一切才刚刚起步，还很不完善，需继续号召更多家长志愿者的加入，一起把家校共育做得更好。

2023年5月，第二届家校共育论坛上，方妍校长在演讲中呼吁"教育不是百米冲刺，而是一场马拉松"，给家长们提出"合理预期、终身成长"的建议。为了促进学校教育与家庭教育二者的结合，同年11月，首届家长代表大会召开，家委和家长志愿者共聚一堂，聆听学校领导谈教育、谈教学、谈成才，共同探讨如何做好学校和家庭的桥梁，做孩子成长路上的坚实后盾。一位爸爸在讨论时感慨："以前我以为教育是学校和老师的事，现在才明白——家长也是主角。"

2024年10月，家委会成长至3.0版本，不再"摸着石头过河"，而是把好的理念、好的实践总结、沉淀，迭代了家委会章程，有了高效的运行机制，拟定了各项活动的操作流程。家委会不仅做好校内上下届家委会之间的传承发展，还牵头成立清华附中教育集团家校社协同育人专项工作委员会，带领各集团校共同成长。

方妍校长的一句话被印在家委会成员心中："干下去，在干的过程中不断完善。"白雪峰副校长说："想想都是问题，行动就有答案。"在校领导们的鼓励和支持下，家委会成员已经把家委会工作视为一份大爱的事业，在奉献的同时被滋养着，互相赋能。

2. 理念革新，构建共育生态的底层逻辑

现在回想 2021 年 5 月，当学校决定制定家委会的规范时，有两种声音还在犹豫，一是"清华附中各方面都挺好的，需要家委会做什么？"二是"家委会是不是家长的工会，带着家长们和学校'做斗争'？"确实，家委会成员也问了自己这两个问题。于是，我们认真、反复地讨论了很长一段时间，梳理家委会的目标、定位、理念及工作内容。

■ 目标

虽然学校很好，但有些家长对学校还不够信任，家长群里不时冒出质疑的声音，不少家长给孩子找校外的补习班，德育老师忙于回复家长们的"投诉"……这样一来，学校、家长、孩子三方都成了受害者。因此，作为对家、校都很了解的"中间人"，家委会把第一任务定为"在学校和家长之间搭建桥梁，鼓励学校对家长开放、透明，引导家长对学校充分信任"。

■ 定位

有了上述目标，在讨论家委会的定位时，大家的答案得到了高度统一。"服务"，为家长们服务，为孩子们服务，也为学校和老师服务。学校和教师的主业是教学，家长的主业是爱，孩子们的主业是学习，而家委会的定位则是捋顺关系，让各方各司其职，减少不必要的干扰。为此，我们给家长们提出一个行为上的具体要求，"教育上不越位、德育上不缺位，做好后勤，助力孩子们健康成长"。

■ 理念

家校共育的核心理念体系以"信任、团结、支持、分担"为四大支柱，构成具有清华附中特色的育人方式。

（1）信任：用透明化解猜疑。共育的第一个关键词是信任，信任学校、信任老师。家长们不仅要自己信任，也要鼓励孩子们信任，这样才能减少内耗、跟紧学校的整体规划。家委会及时协助学校呈现教学和后勤的具体信息，用事实说话。

（2）团结：织一张温暖的网。共育的第二个关键词是团结，主要是家长之间相互团结、抱团育娃，从而水涨船高。同时，团结好校外的第三方，一起打造家校社协同育人的良好生态。例如，食堂供应商、校服供应商，以及校门外的交警、协警都是我们要团结的对象。让我们一起成为共育伙伴，让孩子吃、穿、出、行都平安健康。"教育不是闭门造车，而是把孤岛连成大陆。"很多参加家委活动的家长都认可这一观点。

（3）支持与分担：让专业回归专业。共育的第三个关键词是支持，主要是支持老师们的教学、教育要求，让他们敢抓、敢管、敢做教学专业领域内正确的事情。共育的第四个关键词是分担，即分担一些与教学教育不直接相关的杂务，让老师们有更多的时间和精力去专心教研、答疑，孩子们能受益更多，这样家长就放心、轻松了。但我们也要注意，孩子已从小学生长大为中学生了，大家一定要学会放手，少包办代办，不要抢了孩子锻炼、成长的机会。

确定了上述内容，我们按此设计了家委会的标识。标识的主视觉是一双手，托举着一男一女两个青春飞扬的中学生，寓意着家庭和学校合力营造良好的环境，共同呵护孩子们健康发展，支持他们以适合自己的方式成长、成才。外面这一圈是家委会的中英文全称，一方面是呼应学校的标识，形成一体化视觉，同时也寓意着家委会在家校共育中起到顺畅沟通的作用，整体回应了家委会的角色——做好沟通桥梁，推动家校合力，共谋共育共赢。

▶ 清华附中家委会标识

家委会的标识上那双手托举的不仅是孩子，更是一份共识：教育不是独行侠的冒险，而是无数普通人用琐碎日常编织的奇迹。这里有校长凌晨修改方案的键盘声，有老师沙哑着嗓子讲出的最后一个知识点，也有家长在雨中维持交通秩序时冻红的双手。正如一位连任三届的家委在卸任演讲中所说："我们曾以为要改变教育，最终却被教育改变。它教会我们，真正的共育不是追求完美，而是在磕磕绊绊中始终相信下一站会更好。"

3. 体系创新：三级家委会的立体架构

■ 校级家委会：战略家与造梦者

首先，我们对校级家委会的特点进行了深入分析。校级家委会会聚了一批综合能力极为出色的家委会成员，他们能够引领先进的理念，开展专业化的组织策划，并制定高瞻远瞩的策略。因此，校级家委会更适合从家校社共育的角度，统筹规划家委会的组织架构，制定全校性的家校社合作政策，从而促进家长与孩子同步成长，实现协同育人的目标。然而，校级家委会人数有限，如何充分发挥各学部家委的作用，推动更多家委工作全面展开，显得尤为关键。

■ 学部家委会：变形金刚与翻译官

"上接政策、下联班级"是学部家委的"绝活"。学部家委能够灵活整合上下资源，深刻领会学校、学部及校级家委会的行动目标与原则。作为班级家委的负责人，他们能够及时了解各班级家长的建议与反馈。学部家委在协调学校与班级之间的资源共享和信息交流中发挥着重要作用，并为学部层面的教育活动提供有力支持。在学部家委的组织结构方面，我们经过多次探索后认为：对于新成立的学部，建议其结构仿照校级家委会的模式，以便活动的对接与落实；而对于已运行的学部，则可根据人员配备和学部的实际情况灵活调整配置。

■ 班级家委会：细节控与暖心人

班级家委是离家长最近的"教育特工"。在班级层面，学部家委作为各班级家委的负责人，负责在班级内传达信息、落实活动，并将各班级的问题与建议反馈至学部，进而反馈至学校。班级家委是与家长直接接触的最前线环节，需要扎实地做好基础性的工作，其职责简单明了、易于操作和执行。他们负责组织班级活动，收集家长意见，并促进班级内部的沟通与合作。

家委会通过完善三级家委结构，能够更好地整合各方资源，推动家校社共育工作的全面开展，为孩子们的成长创造更加良好的环境。与此同时，三级家委都涉及如何做好家校沟通、如何促进参与性、如何开展各项活动等话题。这要求我们在实践中不断总结经验，因地制宜地调整策略，确保每一级家委都能在各自的职责范围内发挥最大效能，共同构建一个高效、协同的家校社共育生态。

4. 职能深化，专业化运作的四梁八柱

在职能深化与专业化运作的框架下，四大部门协同构建家校共育体系。组织宣传部负责家委体系建设，文化宣传与成果传承；终身学习部整合资源，通过读书会、家长课堂等方式促进家长成长；社团公益部依托跑团、书画社及公益活动增进家庭互动与社会服务；综合保障部则专注于会务、校服、交通及物资采买等后勤支持，全面保障家委会运作与学生服务工作。

家委会的架构如同一棵榕树——校级、学部、班级三级根系深扎土壤，四大部门（组织宣传部、终身学习部、社团公益部、综合保障部）撑起共育绿荫。

综上所述，家委会在过去几年的探索中，对工作定

位、理念进行了梳理，组建了符合自身特色的"三横、四纵"矩阵组织结构，并按此标准匹配志同道合的家长投入其中，虽然经历几次换届，但都实现了稳定运行。

5. 未来展望，教育共同体的进阶之路

在清华附中教育集团的未来蓝图中，家委会将通过三大工程持续深化育人实践：2025 年启动"百校联盟"计划，通过线上平台向 20 所集团校输出标准化课程体系与管理制度，开展"一校一特色"创建活动并建立示范基地；同步推进家长教育专业化，开发"家庭教育指导师"认证课程，并与高校共建研究中心，预计 2026年实现家长全员持证上岗；智慧家委 2.0 工程将构建数字孪生系统，通过人工智能（AI）分析实现教育效果预测预警，为每个家庭提供定制化教育方案。为顺利实现教育共同体的进阶之路，家委会还制定了一系列标准操作规程（SOP）。

◀ 标准操作规程
（SOP）资料汇总

这些探索不仅是教育管理的创新，更是对"教育最美的样子藏在热忱尝试中"的生动诠释——就像家委会的标识上那双手托举的青春身影，教育的本质不在于塑

造完美，而在于唤醒成长的力量。家委会的八年实践正是用平凡的坚守诠释教育的温度，以专业探索书写育人深度，在家校社协同育人的新时代，继续以教育共同体的姿态探索着教育的无限可能。

第二章

组织宣传部

部门定位：
家校共育沟通桥梁

在现代教育体系中，家校社协同育人已成为发展的重要趋势，家庭、学校与社会三方紧密协作至关重要。家委会作为连接家庭与学校的关键纽带，与学校的合作愈发紧密。随着家委会工作的精细化程度不断提升，承办的活动愈发丰富多元，吸引了众多家长踊跃参与。然而，家委会在其发展过程中也面临挑战。如何实现家委会的规范化管理，以及如何更高效地向家长群体宣传各类家校共育活动，成为家委会当前亟待解决的关键问题。

2021—2022届家委会敏锐洞察到这一需求，在2022—2023届家委会换届之际，经过充分的研讨与规划，综合考量家委会工作现状与未来发展方向，决定正式成立组宣部，并诚邀一名副会长兼任组宣部部长。这一举措意义深远，为家校共育工作开启了全新的篇章，通过系统规划与精准布局，清晰勾勒出后续工作从短期任务到长期愿景的发展蓝图，从组织架构优化、资源整合调配到活动创新策划等全方位助力家校深度融合，推动家校共育稳步跨越至更高质量、更具成效的发展阶段。

一、组宣部的主要职责

组宣部成立伊始，家委会便迅速对其主要职责展开初步规划，重点聚焦于组织建设与宣传报道两大核心职责。该部门深入开展体系设计工作，搭建科学合理、高效运转的组织架构；积极推进文化建设，着力营造独具特色的家委会文化氛围；在宣传报道领域，负责公众号

组织建设

家委会作为一个相对灵活且人员流动多变的组织，如何保证在当前的基础上科学地传承和发展

宣传报道

及时报道当前正在发生的或预告将要发生的事件，以便家长更直接地了解各项活动

体系设计

保证家委会工作持续发展和传承：
➢ 完善组织架构和岗位职责
➢ 制定家委会规章制度
➢ 梳理家委会工作流程

文化建设

确保家长群体日常沟通顺畅：
➢ 维护正能量家长社群氛围
➢ 促进家长有的放矢地学习、成长
➢ 组织家委会招新活动等
➢ 拟订新生家长入学指南等

公号维护

方便家长随时了解各项活动：
➢ 活动报道编辑、排版、推送
➢ 图文海报制作
➢ 文案策划撰写

随时沟通、纠偏、完善工作：
➢ 校家委例会
➢ 校家委团建、培训
➢ 大型家校活动

活动组织

▲ 组宣部的主要职责

维护任务，确保及时、准确地推送家校资讯；负责活动组织策划，助力各类家校共育活动有序开展。家委会对组宣部各职能进行了细致入微的阐释，并秉持着与时俱进的理念，期望未来能依据实际情况持续更新与调整，以更好地适应家校共育工作的开展。

在组织工作方面，组宣部致力于搭建一套科学合理的体系，明确划分各岗位职责，确保每位成员都清晰了解自身工作内容与责任范畴。结合家委会实际情况，组宣部制定了一套切实可行的家委会规章制度，内容涵盖活动组织流程、成员行为规范等多个方面，为家委会的高效有序运作奠定了坚实基础。

在宣传报道方面，组宣部以文化建设为核心驱动力，充分发挥文字感染力与多媒体的优势，将家校社共

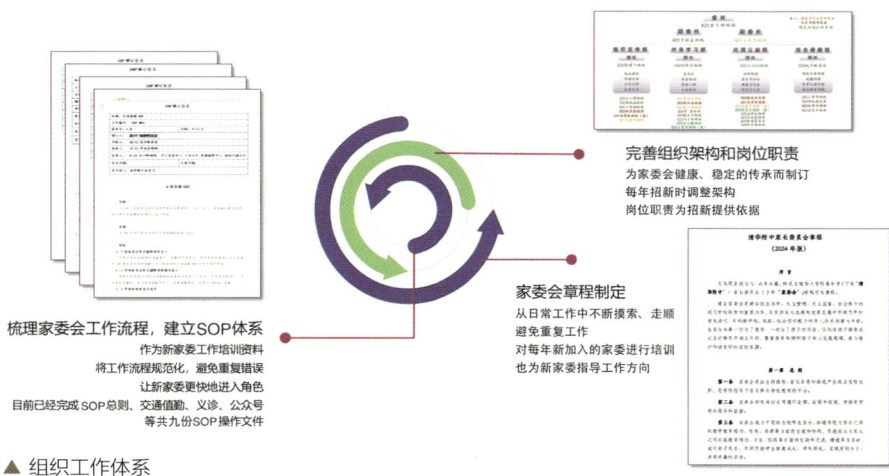

完善组织架构和岗位职责
为家委会健康、稳定的传承而制订
每年招新时调整架构
岗位职责为招新提供依据

家委会章程制定
从日常工作中不断摸索、走顺
避免重复工作
对每年新加入的家委进行培训
也为新家委指导工作方向

梳理家委会工作流程，建立SOP体系
作为新家委工作培训资料
将工作流程规范化，避免重复错误
让新家委更快地进入角色
目前已经完成SOP总则、交通值勤、义诊、公众号
等共九份SOP操作文件

▲ 组织工作体系

育理念有机融入其中，构筑起多元化的宣传矩阵，涵盖公众号平台运营与管理、海报 VI 平面设计与制作、社群维护等多个维度。该部门让宣传工作的影响力转化为推动各项工作落地实施的有效动力，为实现家校社协同发展提供有力支撑。

▲ 宣传工作体系

二、宣传工作

宣传工作所涵盖的子职能经过初始磨合、实际工作总结优化及运营实践，现已形成了规范、高效的运作流程。

1. 公众号运营与管理

"清华附中家校共育"公众号是组宣部工作的核心阵地。组宣部充分利用这一充满活力的互动平台，精心构筑起家校共育理念的展示窗口。该平台详尽报道家委会推出的各项举措和活动，确保每位家长都能全面了解家委会的教育理念与实践成果；营造家长深入了解并参与家校社共育的浓厚氛围，鼓励家长持续自我提升、加强交流互动，推动家长的教育观念与时俱进；激发家校合作潜能，汇聚家长智慧与力量，共同为孩子的健康成长奠定坚实基础，并肩迈向家校共育的美好未来。

▶ 部分公众号展示

"清华附中家校共育"公众号的发展是一段意义非凡的历程。该公众号是以初16级和高19级公众号为起点，逐步发展为"清华附中校家委会"公众号。2024年初，在学校的大力支持与推动下，正式注册推出官方"清华附中家校共育"公众号，原"清华附中校家委会"公众号的内容全部迁移至此，由学校和家委会共同管理。这一系列的变革与发展不仅见证了该公众号自身的

◀ 公众号发展历程

日益成熟与完善，更深刻地体现了家校共育理念在深度与广度上的不断延伸与拓展。自 2021 年家委会成立以来至本书创作止，该公众号已累计发表 152 篇高质量文章，每一篇文章都凝聚着团队的智慧和心血。

在宣传方式上，组宣部秉持高效高质原则，借助生动翔实的报道文案、现场精彩瞬间的照片定格、专题讲座的实时直播、重要信息的视频节选及公众号评论区的互动交流等多元方式，力求通过最快速度、最高质量全方位的报道，让家长能够第一时间获取清华附中家校社共育的最新动态与资讯。

在文章的创作上，组宣部遵循严谨的流程，针对不同的活动主题，组建公众号专题共创小组。小组成员包括活动筹备者、参与者、主办方代表、家委会工作人员及组宣部成员。活动结束后，由参与活动的家长率先执笔，将亲身经历和深切感受融入文字，赋予文章真挚的

1.确认是否宣传报道，涉及敏感性话题或活动提前请示学生发展中心主任。

2.指定或物色供稿人全程参与活动，提供图文初稿。大型活动应提前与宣传负责人联合招募供稿人团队，包含文字撰写、摄影、编辑等。

3.与主办方负责人沟通宣传目的、推文发出时间等。

4.建立推文共创小组，应包含供稿人、编辑、排版、校方审阅人员。

5.进入推文共创小组，并拉组办方相关人员进组。

6.进入推文共创小组，建议在活动结束后1~2天内，供稿人将图文初稿和拟选用现场照片、视频以压缩包形式提交至推文共创小组。

7.完成修订、润色、提升到内容合手提交排版要求，发至群内。

8.推文共创小组所有人员应对编辑成稿文件进行初步审核，减少排版返工。

9.根据定稿内容排版整体风格符合公众号整体要求。排版完毕后，将预览文件发送至推文共创小组。
10.推文文件共创小组所有人员阅稿后，排版人员将推送发送至公众号草稿箱。

11.完成家委会内部的审核。

12.校家委内部审核完毕后，发送订阅号预览链接至家校共育工作群，交校方代表审阅。

13.校方代表审阅确认。同时，家委会工作群内在线人员也可随时审定。

14.校方代表审阅完毕，正式推送。推送成功后将推送链接发送至家校共育工作群，并通知大家按要求转发。

会长·副会长	主办方负责人	宣传负责人	供稿人员	编辑人员	排版人员	家委会审阅人员	校方审阅
1.确定供稿人 2.确定推文需求、推文发出时间 3.进入并引导相关人员进入推文共创小组	1.确立推文需求、推文发出时间 2.建立推文共创小组 3.督促相关人员按照操作流程开展相关工作 4.编辑完毕后，及时送审并反馈消息	1.全程参与活动，了解活动主题 2.提供推文图文初稿 3.全程参与推文编辑过程	1.家委宣传岗家委或志愿者 2.检查错字无语病 3.优化、润色、提炼和提升意义	1.负责按操作流程排版 2.提升推文层次感和视觉效果 3.保持公众号整体风格	1.对预览效果做最后的校订、审核 2.保证在大的方向上，在思想理念或宣传内容上没有谬误或偏差 3.确定是否向学校送审、准备发布前流程、开展相关工作 4.决定是否向官网或者官微供稿		1.学校德育副校长 2.学生发展中心主任 3.报道主体涉及官方主管领导或老师

▲ 公众号发布流程图

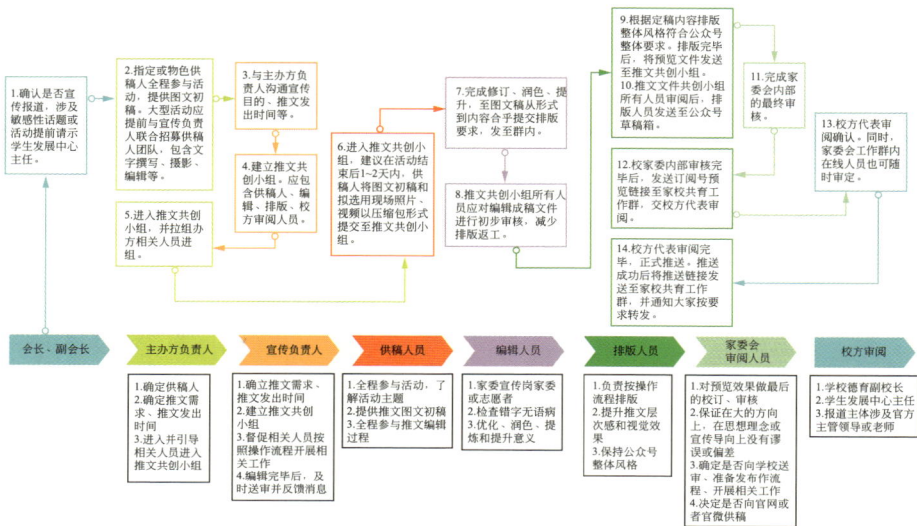

情感和鲜活的细节。随后，组宣部成员凭借其深厚的文字功底和丰富的编辑经验，对初稿进行细致雕琢，从语言润色到内容结构优化无不精益求精。完成润色后，文章会发至共创群内，共创小组成员共同讨论，众人集思广益，反复推敲，力求文章尽善尽美。最终，组宣部成员精心排版，使其在视觉上既美观又舒适，风格真诚、简洁而不失轻松，以便更有效地传递家校共育的温暖理念。

组宣部致力于让每篇文章都成为家校间真诚沟通的桥梁，以清华附中家长们喜闻乐见的形式，让他们在轻松愉快的阅读之旅中感受到家校共育的力量，收获成长与启迪。为实现这一目标，组宣部着力引领推文共创团队深入了解家长的喜好与需求，采用贴近心声、易于沉浸的阅读方式，持续提升文章的可读性和吸引力，力求吸引更多家长的目光，提升阅读量与完成率。只有这样，才能真正让家校共育的理念深入人心，促进家校间更加紧密、和谐的合作。

这些文章内容丰富多元，全面涵盖了学校和家委会的各类重要活动。它们通过换届选举、家校共育论坛、家长代表大会、优秀家委颁奖礼等重要会议和活动的深度报道，让家长及时掌握家校合作的重要决策与发展动态；通过水木清芬读书会、亲子跑团、自主学习营、心理老师活动、教师义诊、观影等丰富多彩的校园生活纪实，生动展现了学校在素质教育、学生身心健康关怀等方面所做出的积极探索和丰硕成果；通过优秀家委事迹报道及具有典型意义的年级活动分享，为家长提供了学习和借鉴的范例，促进了家长之间的互相学习和共同成长。

每一份宣传作品都承载着加强家校沟通、深化家长参与的殷切期望，切实有力地促进家校之间达成理解、形成共识、凝聚力量，携手迈向共同目标。我们满怀期待，"清华附中家校共育"公众号能够伴随着清华附中的每一步成长与进步，持续迭代更新，历久弥新，成为家校合作的永恒纽带。

2. 海报与 VI 的平面设计制作

组宣部亦承担着大型活动的海报与 VI 的平面设计制作职责。2023 年，组宣部精心设计并正式推出了与清华附中家校共育理念相契合的家委会标识。该标识作为家委会的独特标识，象征着家校一心，共同托举学生成长。同时，针对各类大型活动所设计的精美海报，以其独特的创意和视觉效果，成为活动宣传的亮点，有力促进了活动的推广与落实进程。

▶ 清华附中家委会标识整体设计

3. 社群维护

组宣部的宣传工作还涵盖社群维护。在社群运营过程中，组宣部通过家委会成员的积极发言引导，将家校共育的理念深度融入社群环境，营造温馨和谐的社群氛围，有效激发社群成员对家校合作共同目标的认同与追求。

舆情监控与处理是社群维护工作的重要组成部分。组宣部始终保持对舆情动态的密切关注，一旦发现舆情苗头，立即启动应急处理机制，并依据实际情况灵活调整应对举措。它全力营造一个积极向上、健康和谐的舆论生态，为家校共育的美好愿景保驾护航。

在具体实施过程中，当组宣部收到关于校服、食堂等家长较为关注的信息时，会迅速传达给相关部门，组织家委会成员展开深入讨论，深入了解情况。同时，组宣部会积极与学校沟通，寻求专业的帮助和支持。各方共同努力，秉承真诚与关爱原则，积极开展充分、有效的沟通与协调，充分理解诉求，以共情的态度及时解决问题，有效化解潜在矛盾。在这个过程中，不仅增进了家校之间的理解与信任，也切实维护了家校关系的和谐稳定，为学校的正常教学秩序营造了良好的环境。

三、组织工作

近三年，组宣部怀着对家校共育的热忱，积极探索。家委会作为家校沟通的关键桥梁，肩负着协调各方力量的重要职责。但家委会成员在工作背景、工作习惯等方面各不相同，如何将大家对家校共育的爱与热忱转化为高效协同的工作效率，成为组宣部重点思考与亟待解决的核心问题。组宣部通过多次内部研讨和团建活动，邀请专家和教师分享经验，共同分析并解决问题。在制度建设上，成员们参考优秀家委会模式，结合本校实际，制作职责分工表，明确工作内容和责任。同时，组宣部建立资源协调机制，加强与校内各部门和校外机构的合

▶ 团建活动

作。在活动策划与执行中，组宣部不断创新方法，精心打磨每个环节。最终，组宣部成功搭建起一套规范又高效的工作流程。

1. 体系建设

2024 年，组宣部在完善家委会工作体系方面取得了重大突破，完成了《清华附中家长委员会章程》。这份章程为家委会各项工作目标提供了坚实的理论依据，使得家委会的工作在规范化、制度化的道路上迈出了重要一步。同时，为了有序传承工作成果，避免工作因人为因素出现反复，组宣部编写完成 SOP 共 9 篇。这些 SOP 详细涵盖了家委会多个已形成标准的活动流程，为后续进入家委会的伙伴们提供了清晰的行动指南，助力他们更快地融入各项工作，确保家委会活动能够高效、稳定地开展。

2. 团队招新

新生家长招新活动，涵盖新家委和志愿者招募，是学校在家校共育进程中的重要成果。组宣部始终以家长需求和学校发展为导向，深入总结经验，剖析问题，并将解决方案整理成册，为后续工作提供有力参考。基于这些宝贵经验，组宣部积极创新，在活动形式上，采用线上线下结合模式，扩大活动覆盖面，提升家长参与的便捷性。在内容设置方面，组宣部围绕教育热点与学校特色，精心策划家委会工作与成果展示环节，让家长能够直接、深切地感受家校共育的独特魅力。

2024 年的招新活动取得显著成效，在开学"家长第一课"（即家长迎新会）上，家委会会长详细介绍了家委会工作，分享了过往成果与未来规划。同时，在各

◀ 9篇 SOP

▶ 初 23 级家长学校迎新会

家长社群中推出了充满热情和信息量满满的海报，对家委会工作进行了全面而详尽的介绍，吸引了众多心怀大爱的家长。他们凭借自身专业能力，踊跃加入家校共育的队伍。这些新成员的到来，就像为家校共育注入了一股暖流，带来了丰富的社会资源和新颖思路，进一步充实了家校合作的资源，增进了家校交流与合作，不仅为当下学校教育的发展和孩子们的成长营造了良好环境，更为家校共育这一长远事业夯筑了坚实根基，源源不断地输送蓬勃动力，助力家校携手，稳步推进教育事业的持续发展。

3. 优秀家委评选与家委实践经验案例共享体系建设

随着家校共育活动的日益丰富，一批批优秀的家委涌现出来，如何更好地促进他们之间的交流，以及如何更好地传承他们的宝贵经验成为新的议题。2024 年，在学校的大力支持下，组宣部隆重推出了"优秀家委"评选活动，并在全校老师们的鼎力配合下，评选活动得以顺利开展。经过严格而公正的评选流程，66 位在家校合作各个领域表现卓越的优秀家委脱颖而出。组宣部精心筹备并成功举办了颁奖典礼，对这些优秀家委的无私奉献和卓越贡献给予了充分肯定，致力于搭建一个交流和传承的平台。为了能够让更多家长和学生从优秀家委的实践中汲取智慧，组宣部通过公众号推出了一系列优秀家委经验分享活动。这些分享内容涵盖了家庭教育独到见解、家校合作深度心得等多个层面，为广大家长提供了宝贵的学习与借鉴机会，有力地推动了家校共育事业的发展。

四、携手展望

组宣部凭借着对教育事业的热忱与坚持，在家校组织管理和宣传推广方面取得了显著的成绩。组宣部成员的努力为学校教育注入了家庭的温暖与力量，为学生的成长搭建了更为广阔的平台。展望未来，相信组宣部将继续秉持初心，不断探索创新，为家校共育事业做出更大的贡献。

组宣部案例一：

校级家委会成员及志愿者招募

每学年 9 月至 10 月，随着新学期的启幕，校级家委会都会有条不紊地开展新成员及志愿者的招募工作。这一活动吸引着众多新生家长的积极参与，为家校社共育注入源源不断的新活力，成为持续推动家校社发展的澎湃动力，助力家校社携手迈向更优质的教育新征程。

在这个时段，一些资深且极具责任心的校级家委会成员及志愿者因孩子即将毕业或已迈向人生新征程，纷纷从原有家委会职责中抽离，不再直接参与日常工作。但时光的沉淀和并肩奋斗的经历，早已让他们与学校之间形成了牢不可破的情感纽带。部分成员加入清华附中教育集团家校社协同育人专项工作委员会，在更广阔的平台上继续发挥自身价值，照亮教育之路；有的成员虽不再参与校级家委会工作，但仍心系学校，时刻关注学校的发展动态，积极参与学校各项活动，毫无保留地分享自己的宝贵经验。他们以点滴的实际行动，为清华附

中家校社的建设与发展贡献温暖与力量。这份温暖与力量如同山间的潺潺溪流，跨越界限，绵延传递，润泽着学校、家庭和社会的诸多角落。

与此同时，新一届高中与初中学生家长已逐渐融入校园生活，深入了解校园文化。他们深知教育的重要性，怀揣为学校家校社共育建设和发展贡献力量的热忱与愿景，积极响应校级家委会号召，在工作与生活之余，毅然投身其中，成为推动这一事业发展的新生主力军，为家校社共育注入全新的生机与活力。

这一新老交替、凝聚链接的历程不仅是校园教育活力与责任感的传承，更是家校社协同力量蓬勃发展、生生不息的生动写照。在清华附中，家校社三方秉承着对教育的热忱与初心，同心协力、紧密合作、开拓创新，共同为学生营造更加优异的教育氛围，全力助力学生的全面发展与成长。

一、志愿者招募

志愿者是清华附中家校共育的中坚力量，工作形式多样，时间灵活。部分志愿者承担社团重要职务，肩负关键项目的核心职责，有力地推动着家校社的建设与发展。校级家委会诚挚欢迎在繁忙工作生活之余仍有富余时间和精力的家长加入志愿者组织，共同为家校共育贡献力量。志愿者需怀揣服务他人的热忱之心，具有较强的责任心、勇于担当的精神及良好的执行力。

1. 志愿者的工作形式

志愿者的工作形式多样，时间安排较为灵活。志愿者需要投入一定的时间与精力，怀揣服务他人的热忱，肩负责任感，勇于担当，并具有很好的执行力。

（1）部门/社团志愿者。志愿者可作为校级家委会部门或社团的长期志愿者，深度参与并支持部门、社团的日常项目运作。

（2）专家讲座及专项特长志愿者。志愿者无论是作为讲座嘉宾、分享专家，还是提供专业支持，他们的鼎力支持都将让众多家长和孩子受益。

（3）社团核心成员。很多志愿者承担社团的核心岗位，有力地推动了家校合作向更高水平迈进。

（4）专项志愿者。校级家委会针对特定活动，公开发布招募信息，诚邀志愿者加入，共同为活动的顺利开展贡献力量。

2. 志愿者的招募形式

志愿者招募活动依据家委会的组织架构、学年安排、家委会工作计划及实际需求时段，采取灵活多样的形式开展。

■ 集体招募

每学年 9 月中旬，校级家委会启动大型志愿者招募活动。入选的志愿者将分配至校级家委会的各部门或社团，成为长期志愿者，根据个人工作和生活安排，参与支持部门或社团的日常项目。暂时无法直接安排岗位的热心志愿者则被纳入志愿者人才储备体系。

■ 部门 / 社团补招募

当集体招募未能满足招募需求或出现新的需求时，校级家委会部门及社团自主发布志愿者招募信息，所招募的志愿者归属于相应的部门或社团。

■ 专项招募

校级家委会因特定活动、讲座或项目，发布针对性招募信息，邀请志愿者的专项支持。

3. 志愿者的招募流程

通常情况下，志愿者的招募流程分为 4 个步骤。

■ 需求调研与规划

每学年 9 月初，集体招募活动拉开帷幕，组宣部招募负责人与各部门及社团进行交流，收集志愿者招募需求，制订全面的招募工作计划，涵盖所需志愿者数量、岗位职责、专业技能等关键信息。

其他形式的志愿者招募则依据需求时间灵活启动，由志愿者需求部门整理招募需求与规划，发布招募启事并招募志愿者。

■ 广而告之

组宣部精心策划设计招募海报，全面展现校级家委会的职能、各部门与所属社团职责、当前对志愿者的需求，并通过各年级家长交流微信群、社团群等沟通平

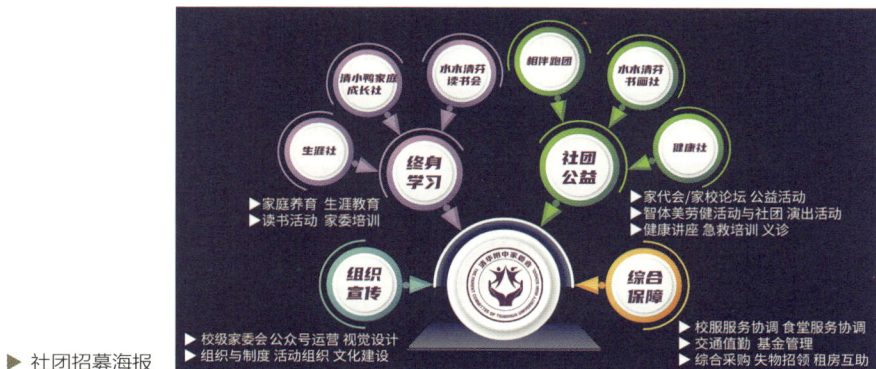

▶ 社团招募海报

台，发布招募信息。

■ 选拔与分配

组宣部招募负责人依据所收集的志愿者简介、意愿及招募要求，将志愿者分配至各个部门及社团。部门、社团通过线上或线下方式与报名志愿者进行深入沟通，介绍家委会及相关岗位职责，综合考虑志愿者的个人特长、专业背景、可用资源、参与家委会工作时长及个人意愿，为其匹配合适岗位。鼓励各部门及社团间相互推荐优秀志愿者，以提升选拔效率，以期让每位志愿者都能在最适合的岗位上充分发挥其专长与优势。选拔结束后，部门、社团及时通知志愿者选拔结果，并建立工作群，确保他们能够顺利融入并全力支持日常项目的开展。

■ 志愿者人才储备管理

对于暂时无法安排岗位的志愿者，妥善纳入志愿者储备库。在招募活动中，部分志愿者或因工作时间冲突、专项技能非当前急需等因素，暂时无法直接安排岗位。校级家委会将其纳入志愿者人才储备体系。一旦有新项目启动且其条件与志愿者匹配，校级家委会成员将与志愿者沟通对接，让其能迅速投身项目。

二、校级家委会成员招募

校级家委会成员作为连接学校与三级家委体系的关键枢纽，在整个家校共育的架构中占据着举足轻重的地位。他们是家校沟通的桥梁与纽带，不仅要精准传递学校的教育理念、方针政策，还要全面收集并反馈家长们的心声与诉求，肩负着推动家校深度合作、促进教育协同发展的重大责任。

相较于其他家委角色，校级家委会成员的责任范畴更广、要求标准更高。他们不仅需要时刻保持高度的责任心，确保每一项工作都能落实到位，还得具备充足的时间投入到家委会事务中，无论是日常的沟通协调，还是紧急事务的处理，都能随时响应。同时，校级家委会成员需拥有更加全面的能力，涵盖组织协调、沟通交流、问题解决等多方面，以应对各类复杂的家校共育场景。

校级家委会成员招募面向学部家委，具体招募方式包括学部家委自荐、学部家委会推荐、学部主任推荐及家委会部门推荐。

1. 招募要求

校级家委会成员的主要职责涵盖：践行家校合力，共育共赢；协助学校开展工作，宣扬家校共育理念，推动家校合力联动；助力清华附中学子成才，见证家长自身的成长。对校级家委会成员的具体期望与要求如下。

（1）具备并保持利他精神，乐于助人，不求回报，拥有服务与支持意愿。

（2）有能力、负责任、敢担当、执行力出色，针对具体岗位还需具备相应特质。

（3）能够投入时间、精力和资源，为大家提供服务。

（4）高度关注家校共育，重视家庭养育，积极学习，并为孩子创造健康和谐的成长环境。

（5）及时在班级群、年级群互动，参与不定期的活动与内训。

2. 校级家委会首次招募流程

首次招募活动将紧随新初中与高中学部家委会的成立步伐，一般在 10 月初启动。校级家委会的首次招募流程如下。

■ 宣讲与了解

通过校级家委伙伴的宣讲，让学部家委伙伴深入了解校级家委会的职责与意义，同时展示清华附中家校社建设的辉煌历程与显著成就，全面梳理并明确学部家委会部门及岗位职责。

■ **自荐申请**

学部家委会组织学部家委进行自荐，申请加入校级家委会。

■ **见面与选拔**

组宣部招募负责人向有意加入的伙伴提供简历模板，并安排线下见面会，邀请会长、副会长、各部门负责人、各社团团长及部门伙伴共同参与。

安排线下见面会一方面表达对候选伙伴的诚挚欢迎与尊重，另一方面提供一个深入交流的平台，探讨校级家委会成员的职责、日常工作及相关事宜，并针对候选伙伴的具体情况进行深入交流。综合考虑候选伙伴的个人特长、专业背景、可用资源、参与家委会工作的预期时长及个人意愿，精准匹配岗位，综合评估后确定最终人选，上报学生发展中心审批。

■ **其他安排**

对于因工作时间冲突、专项技能与岗位不匹配等因素暂时无法直接安排岗位的伙伴，建议先返回学部家委会，在合适的岗位上继续发挥作用。待有合适机会时，再邀请其加入校级家委会团队。

3. 校级家委会成员补录

　　经过一个学期的磨砺与成长，学部家委及志愿者团队成员逐渐成熟。工作热情、责任心和能力都得以彰显，成为重要的职能伙伴。此时，通过学部家委会推荐、学部主任推荐、家委会部门推荐等多种方式，汇总新力量，补充新成员加入校级家委会团队。

◀ 2023—2024 届校级家委会春季团建及补录新成员会议

　　在传承温暖与力量、凝聚爱与真情的道路上，我们期待通过严格、规范且多元的招募方式广纳贤才，吸引更多优秀的学部家委加入校级家委会。他们的到来将如同春日甘霖，为校级家委会注入蓬勃的生机与活力，让学校与家庭之间的联系更加紧密、坚不可摧。

三、展望未来

　　展望未来，校级家委会全体成员必将心手相牵，以高度的责任感与卓越的专业能力，全身心投入到每一项家校共育工作中。我们会不断探索创新，持续完善家校沟通机制，优化教育资源整合，为清华附中学子精心构筑一个充满阳光、积极向上的优质成长环境，共同谱写家校社协同育人的华彩乐章，让每一个孩子都能在爱与关怀中绽放出耀眼的光芒，向着美好的未来大步迈进。

组宣部案例二：

优秀家委评选

每年的 6 月初，家委会会组织开展优秀家委评选工作。清华附中家校共育工作能够持续发展与进步，离不开每一位家委的无私奉献。从这个层面来说，每一位家委都是满怀热忱与大爱的家长，是最可爱的人。

开展"优秀家委"评选活动的目的是从全校几百名默默奉献的热心家委中寻找出更为突出的典范。一方面，是肯定、表彰他们的无私奉献，为他们的大爱、情怀、格局、智慧点赞；另一方面，则是收集并宣扬他们的典型事迹，为全体家委提供可借鉴的经验，助力大家开拓工作思路、优化工作方法，从而带动家校共育工作水平的整体提升，使更多的家长和孩子受益。同时，优秀家委评选是对班级家委、学部家委年度工作的回顾、总结与反思，是家校双方共同评议和检验哪些工作是家校共同认可、切实可行且行之有效的契机。

一、优秀家委评选目的

在日常工作中，班级家委、学部家委及校级家委大部分时间围绕各自的服务核心，认真尽责。面对学校重大活动，各级家委携手并进、协同合作，汇聚成强大的工作合力。

"优秀家委"评选活动聚焦于班级与学部中那些无私奉献的家委会成员，深入挖掘他们日常工作的闪光点与突出贡献，对他们的无私奉献精神给予充分的认可与赞誉，为他们的博爱、情怀、胸襟与智慧点赞。该活动不仅深化了三级家委体系间的相互认知，还促进了宝贵工作经验的交流与共享。组宣部汇总整理班级家委与学部家委的实践经验，构建案例库并实现资源共享，有力促进家校社共育工作的全面提升，惠及更多家长与孩子。优秀家委评选目的如下。

1. 表彰优秀家委

肯定优秀家委在家校共育中的付出和成效，增强他们的认同感与荣誉感，加深家校共育工作中的情感链接，形成更紧密的合力。

2. 榜样力量

收集、汇总、整理优秀家委在家庭养育和家校共育方面的典型事迹、经验和心得体会，加以宣传、推广，树立家委榜样，建立学习标杆。

3. 学习共进

组织、带动全校家委向优秀家委学习，拓宽工作思路、提升工作方法，带动家校共育工作水平的整体提升。

4. 工作回顾与展望

促进班级家委会、学部家委会工作的回顾、总结、规划和开展，明晰家校双方在家校共育工作中的定位和分工。

5. 团队凝聚力建设

促进家长在教育理念、养育方法、实际经验等方面的交流与互助，营造"家校同心，和谐共育"的良好氛围，达到"家校合力、共育共赢"的目的。

二、优秀家委评选标准

"优秀家委"评选活动的候选人均为班级家委，汇总好名单后，学部家委会根据该名单，少量补充学部的优秀家委候选人。优秀家委评选标准如下。

1. 资历

现任家委，从事班级家委工作一年及以上（初一、高一放宽标准，从孩子入学成立班级家委会起担任家委即可参选）。校级家委默认为评选委员会成员，不作为候选人参加评选。

2. 家庭养育

关注家校共育、重视家庭养育，积极学习并创造健康和谐的成长环境，孩子健康成长。

3. 工作表现

有大爱、有情怀，乐于奉献，在班级、学部家校共育工作中有出色表现和突出贡献。

4. 优秀事迹

优秀事迹包括但不限于：重视班级家委会、学部家委会的组织建设，推动家委职能、功能的落实；营造和谐家委、家长氛围，促进交流、互助、成长；积极响应家校共育，建言献策，细心、踏实落实工作；发挥好沟通桥梁作用，协助班主任、任课老师、同级或上级家委等做好家校共育工作；做好家长间的沟通协调工作，正向、积极地处理相关事务，传递正能量。

三、优秀家委评选流程

2024 年 6—10 月，首届"优秀家委"评选活动正式落地，以简化且高效的形式试行。在试行期间，组宣部积极探索，不断优化评选机制，力求让"优秀家委"评选活动发挥更大的作用，进一步凝聚家校之间的强大合力，助力共育共赢的美好愿景成为现实。优秀家委评选的具体流程如下。

1. 推荐候选人

班主任按照评选标准推荐一名优秀家委候选人（特殊情况可增至两名）。

2. 事迹收集

组宣部负责家委根据推荐名单联系候选人，邀请填写《清华附中 ×××× 年度优秀家委推荐表》，收集优秀家委工作事迹。

3. 资料审核

组宣部负责家委对推荐表中的内容进行审核，必要时完善相关资料与细节。

4. 评选

在完成对所有候选家委事迹的整理工作后，以匿名的方式对这些事迹进行展示，一切以客观事实为依据。

随后开展事迹投票环节，以学部为单位进行在线评选。在评选过程中，评委由校级家委会全体成员、校级领导、学部主任及班主任组成，他们将严格依据既定的评选要求开展评选工作。最后，根据评选数据进行排名，每个学部排名前十（含并列）的候选家委将成为本学部"优秀家委"获得者，最终产生共计66名优秀家委。

四、表彰与推广

2024年10月12日，首届"优秀家委"颁奖典礼在学校华茂楼隆重举行，学生发展中心唐洁副主任、李冰清副主任，家委会会长，组宣部部长，以及首届"优秀家委"评选活动代表共70余人出席活动。

家委会会长对当选的优秀家委表示了热烈的祝贺，称赞他们获此殊荣实至名归，是众望所归的结果。学生

▶"优秀家委"评选
活动现场

发展中心代表学校向获奖的优秀家委致以最诚挚的祝贺和欢迎。她高度评价获奖家委，称赞大家是社会的好公民、单位的好成员，也是夫妻的好伴侣、孩子的好父母，更是学校的好家委，为广大家委树立了标杆、做出了表率，堪称"五好标兵"。

高 21 学部周天尚妈妈作为获奖家委代表发表了感言。她表示，能够当选优秀家委深感荣幸，心中满是喜悦与感激。她特别感谢了学校提供的优质教育环境以及老师们的辛勤付出。她还结合自身担任家委的经历，分享了在家委会工作中的深刻感悟，强调家委会作为连接学校与家庭的桥梁，将有着共同目标的家长们凝聚在一起，携手为孩子们的成长和家校共育工作贡献力量，这是一段无比珍贵且值得铭记的经历。

此次颁奖典礼不仅是对优秀家委工作的肯定，更是

◀ 初 22 级部分获奖
家委合影

对家校共育理念的一次深度践行。展望未来，"优秀家委"颁奖环节也可以与大型活动结合，如家校共育论坛、家长代表大会等。这种结合方式，一方面能让颁奖仪式在更具影响力的平台上举行，提升优秀家委的荣誉感与影响力；另一方面，也能借助这些大型活动，让更多家长深入了解家校共育的重要性，激发更多家长参与到家校合作中来，共同为学生的全面发展创造更加优质的环境。相信在优秀家委的引领和全体家长的共同努力下，家校社共育事业必将迈向更高的台阶。

基于优秀家委收集的宝贵经验和素材，将持续进行典型事迹与经验推广，依托清华附中家校共育公众号，定期推介优秀家委的典型事迹、工作经验和成果。通过这些真实生动的案例分享，让更多家长深入了解家委工作的重要性与价值，为其他家委提供可借鉴的实践方法，促进家校合作水平的整体提升。

▌五、后续工作

1. 建设优秀家委案例库

着手建设优秀家委案例库，系统整理和保存优秀家委的工作案例。这些案例不仅是对家委工作的记录与总结，更是学校开展家校共育工作的宝贵资源，方便随时查阅与学习。

2. 完善家委职责描述

进一步完善家委职责描述，明确家委在不同工作场景下的具体任务与责任，使家委工作更加规范化、制度化，为家委开展工作提供清晰的指引。

3. 制作家委培训课程

制作家委培训课程，针对家委工作的重点与难点，提供专业的培训内容，提升家委的工作能力与综合素质，更好地服务于家校共育工作。

六、工作总结与展望

"优秀家委"评选活动不仅是对家委工作的阶段性总结，更是家校共育征程中的新起点。通过此次评选，我们挖掘出众多在平凡岗位上默默奉献的杰出家委代表，他们以实际行动诠释了家校合作的深刻内涵，成为全体家长学习的楷模。这些优秀家委的先进事迹如同璀璨星辰照亮了家校共育的道路，为我们指引了前行的方向。他们在班级建设、家校沟通、学生成长等方面的突出贡献化作坚实的基石，筑牢了家校合作的桥梁。

展望未来，我们坚信，在这些榜样力量的带动下，会有更多家长积极投身到家校共育工作中，携手学校共同为学生创造更加优质的教育环境。每一位家长的参与都将为家校合作注入新的活力，为教育事业蓬勃发展提供强大动力。让我们携手共进，书写家校共育的崭新篇章。

终身学习部

部门定位：

家校共育智慧引擎

终身学习部，正如其名，是组织家长共同学习与成长的部门。它广泛联系着学校、家长和社会机构，通过运营水木清芬读书会、清小鸭家庭成长社和生涯社这三大社团，协同家校社力量，更好地实现育人目标，堪称家校共育的智慧引擎，为家校合作注入动力。

一、终身学习部工作的价值和意义

1. 给家长以智慧

终身学习部的诞生缘起于对家长困惑的了解：①青春期的孩子们身心都在快速发展变化，家长们缺乏对孩子成长规律的了解；②各种教育理念众说纷纭，很多家长身处信息洪流无所适从；③教育理论"一听就懂"，实践起来"一练就废"，很多家长不知道"知"如何落地为"行"；④AI 等科技迅猛发展，未来职业版图正在悄然巨变，未来的不确定性令很多家长对自身及孩子的未来规划充满迷茫。

这些焦虑与困惑在不经意间传递给孩子，原本期望助力孩子成长的家长，却因自身的焦虑与迷茫，无形中阻碍了孩子的发展。基于此，家委会决定组织家长共同学习，期望通过家长自身的学习与成长，带动家庭和孩子的进步。

终身学习部的活动围绕家长的这些焦虑与困惑展开，但我们深知，每个人的成长经历、家庭环境、性格特点各异，并且情况不断变化，不存在"万能钥匙"，所以我们在活动中更希望授人以渔：①让家长了解孩子的成长规律，从而适应规律，不焦虑，用巧力；②通过让家长阅读优秀书籍，邀请专家分享，家长深入探讨等方式，引导家长从多维度、高阶视野看教育问题，形成自己的教育理念，沉静不盲从；③通过打卡点评、实践营、案例分享会等形式，帮助家长着意练习，使其在自评互评中学会反思复盘，以行促知，知行并进；④助力家长形成终身学习理念、教练型思考方式，面对不断发展变化的世界，拥抱变化，学习与成长，成为孩子的榜样。

有人把我们所处的时代称为"乌卡时代"（VUCA）。这是指一个易变性（volatility）、不确定性（uncertainty）、复杂性（complexity）和模糊性（ambiguity）的时代。

终身学习部希望引领家长在"乌卡时代"获得确定性的成长。

2. 为家校合作注入活力

由于终身学习部开展的活动紧密围绕家长们关心的教育问题，因此受到家长们的高度关注。这些活动不仅参与范围广，而且活动周期较长，通过长期参与活动，家长们对家委会活动的忠诚度不断提高。

在高质量的活动中，家长们收获颇丰，很多家长乐于分享自己的经验和感悟，家长志愿者自然涌现，其中一些家长更是积极参与到活动的组织工作中，成为社团核心志愿者和社团负责人。他们在实践中不断提升自我，并且带动更多家长参与进来。在这个过程中，形成了良性循环，培养了一支支充满活力的志愿者团队。

参与家校共育的社会机构也在合作过程中快速成长。由于家委会和学校的高配合度，家长们的高参与度，以及良好的复盘机制，因此社会机构也非常认可清华附中这片土壤，乐于在这里开展更多创新性工作，他们对清华附中的家长越来越了解，开发的课程内容越来越贴合家长需求，形成了清晰的长期陪伴体系化课程。

随着家长、学校、社会资源在终身学习部平台上的不断会聚与互动，形成了一个充满活力的教育生态。家长们相互学习、共同进步，学校教育与家庭教育紧密结合，为孩子们的成长提供了全方位的支持。

二、终身学习部的主要工作

终身学习部有三大社团，社团活动的策划和执行主要由社团团长带领核心志愿者完成，在后面的章节中会具体呈现各社团的工作。除了这些社团工作，终身学习部的主要职责还包括社团组织发展建设、家校社资源汇集、家校社间的沟通与协同、满足家长的多元需求，以及敏感问题把控等方面。

1. 社团组织发展建设

在社团发展的不同阶段，终身学习部承担着不同的职责。在社团发展早期，终身学习部深度参与社团运营，了解家长需求，摸索社团定位，探索活动形式，并逐步组建起社团志愿者团队。

在社团发展中期，终身学习部会参与组织架构、活动流程的梳理，帮助社团逐渐走向成熟。

在社团成熟期，开展的活动主要由社团独立策划并运营，终身学习部则更多关注活动中组织的内部运作流畅性和人员的状态，帮助社团做好组织人员和流程的迭代更新。

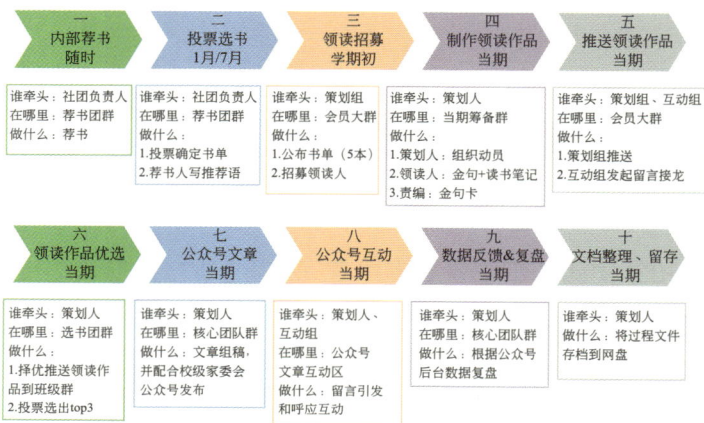

水木清芬读书会活动开展流程

一 内部荐书 随时	二 投票选书 1月/7月	三 领读招募 学期初	四 制作领读作品 当期	五 推送领读作品 当期
谁牵头：社团负责人 在哪里：荐书团群 做什么：荐书	谁牵头：社团负责人 在哪里：荐书团群 做什么： 1.投票确定书单 2.荐书人写推荐语	谁牵头：策划组 在哪里：会员大群 做什么： 1.公布书单（5本） 2.招募领读人	谁牵头：策划人 在哪里：当期筹备群 做什么： 1.策划人：组织动员 2.领读人：金句+读书笔记 3.责编：金句卡	谁牵头：策划组、互动组 在哪里：会员大群 做什么： 1.策划组推送 2.互动组发起留言接龙

六 领读作品优选 当期	七 公众号文章 当期	八 公众号互动 当期	九 数据反馈&复盘 当期	十 文档整理、留存 当期
谁牵头：策划人 在哪里：选书团群 做什么： 1.择优推送领读作品到班级群 2.投票选出top3	谁牵头：策划人 在哪里：核心团队群 做什么：文章组稿，并配合年级家委会公众号发布	谁牵头：策划人、互动组 在哪里：公众号 做什么：公众号文章互动区留言引发和呼应互动	谁牵头：策划人 在哪里：核心团队群 做什么：根据公众号后台数据复盘	谁牵头：策划人 做什么：将过程文件存档到网盘

▶ 2022 年终身学习部协助水木清芬读书会梳理的第一版活动流程

2.家校社资源汇集

终身学习部通过汇集家校社优质资源，为家长和学生创造了丰富多彩的学习与成长环境，提升了家长参与家校共育活动的积极性。

■ 学校资源支持

学校在场地和资金方面始终给予终身学习部大力支持。此外，多位老师和校领导参与荐书活动，生涯老师参与课程录制，白雪峰副校长、学生发展中心各位主任更是多次参与现场活动并发表讲话。这些举措不仅让社团志愿者切实感受到学校的支持，从而更具动力，也使家长们对社团更加信任，积极参与家校共育活动。

■ 引入优质的社会教育资源

目前，几家长期合作的机构都是由家委会的几任家委与学校共同考察引进的。这些优质资源已成为家校共育活动的一张张亮丽名片。

■ 发掘家长资源

积极动员家长参与到各项活动中。例如，家长参与授课的生涯社课得到了老师和学生的一致好评；几十位家长参与了"行家开讲"和"生涯探索坊"等活动，让孩子们更好地了解了外部世界。

3. 家校社间的沟通与协同

终身学习部只有联结学校、家长、社会机构各方，清晰了解各方需求，找准契合点、发力点，才能更好地激发各方热情，形成合力。

■ 生涯微课让生涯教育从课堂延伸到家庭

终身学习部关注到孩子们从学校的生涯课中学习到的如成长性思维等关键知识对他们的成长非常有益，但因为课时有限，没有办法在课堂中充分讨论与实践。基于此，终身学习部向学校建议开设面向家长的生涯微课，分享教学重点、引导方法，让家长能够与孩子就生涯规划展开有效对话。生涯微课一经推出，家长们便踊跃参与，不仅增进了亲子交流，更让生涯教育从课堂延伸至家庭，助力对孩子成长路径的探索。

■ 与社会机构共同打磨精品课程

以自主学习家长行动营为例，终身学习部家委全程参与了三期，每期六周的线下营。通过家委会、志愿者与自主学习项目组的一次次策划和复盘会议，课程在内容结构、活动设计、讲练比例等方面不断优化，还推出了"案例分析会"这样的新爆款课程形式，实现了课程品质升级，精准贴合了家长需求。

▶ 2024 年 2 月自主学习家长行动营第一次策划会

4. 满足家长多元化需求

在终身学习部与社团共同开展的各项活动中，兼顾普适性和个体针对性始终是我们探索的重要课题。以水木清芬读书会为例，我们一方面期望最大限度地吸引家长参与，让活动能惠及更多家庭；另一方面，充分关注到家长需求的多样性。比如，有些家长工作忙碌，只能挤出少量时间学习；而有些家长阅读能力较强、阅读需求较高，会觉得一个月读一本书无法满足学习需求。为解决这些问题，水木清芬读书会探索采用主题阅读模式，即"一本精读＋多本泛读"。精读分为"章节领读＋金句卡输出"；泛读以小书房的形式讨论分享。时间紧张的家长，每天看看金句卡，10天就能开启阅读；稍有空闲的家长，可跟着领读人按章节精读；喜欢自由阅读的家长，可自行翻阅原书；想参考他人感悟的家长，扫描金句卡上的二维码，就能阅读或听读其他家长分享的心得感悟；精力充沛的家长，读完精读本后，还能阅读系列主题拓展书籍，并参加小书房分享会，深入交流、探讨。家长们无论时间多寡、阅读习惯如何，都能在水木清芬读书会中找到适合自己的读书方式。类似这样好的设计思路，终身学习部就需要加以总结固化并在相关社

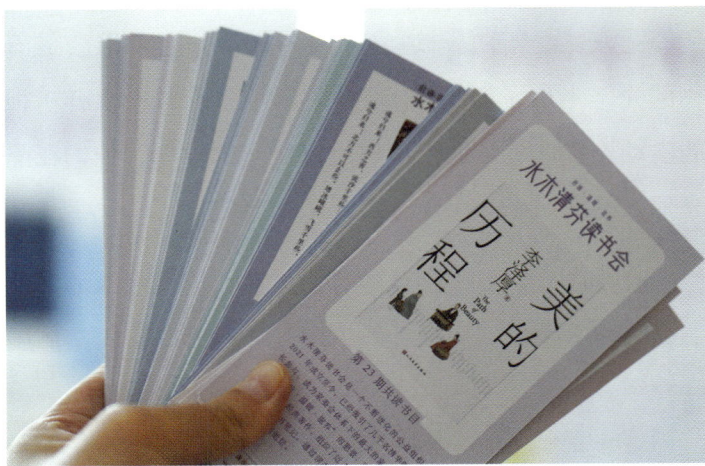

◀ 第23期水木清芬读书会《美的历程》金句卡

团推广。

5. 敏感问题把控

当涉及一些比较敏感的问题时，终身学习部需要及时给出指导原则，使社团能在清晰的边界下，放开手脚解决问题。所谓清晰的边界，包括对家长隐私信息进行保护的原则、对课程收费的原则，及对付费课程进行宣传的原则等。

三、工作总结与展望

参与终身学习部组织的各类活动，家长们不仅能收获知识，更能被家委和志愿者们的满腔热忱深深打动。在这个温暖的集体中，每个人都在奉献与付出中不断汲取力量，成长为熠熠生辉的发光体。就像泰戈尔在诗中所写："把自己活成一道光，因为你不知道，谁会借着你的光，走出了黑暗。"这不仅是对家委与志愿者精神的生动诠释，更是这个集体始终坚守的信念。他们在照亮他人的道路上一路前行，温暖而坚定。

后续章节将围绕终身学习部三大社团（水木清芬读书会、清小鸭家庭成长社、生涯社）及其丰富的案例展开介绍。

社团一：

水木清芬读书会·启迪滋养

又是一年入学季，当孩子们兴奋地踏进清华附中校园的那一刻，家长们惊喜发现，在学校里也找到了自己的"组织"：水木清芬读书会、相伴跑团、水木清芬书画社……家长们从不同兴趣入口，快速融入家委会组织的六大家长社团里。以"水木清芬"命名的读书会是其中成立最早的社团。在该社团中，秉持共育、共读、共享的原则，家长们一起阅读优秀书籍，交流分享心得，促进家长自我教育和子女教育的融合。

水木清芬读书会在家委会指导下，由家长志愿者负责运营，从 2021 年 6 月成立至今，已组织过 29 期共读活动，吸引清华附中数千名家长参与其中。作为家校社协同育人平台，水木清芬读书会通过阅读活动建立了家长与学校之间的沟通桥梁，增进了双方的理解与信任；依托多样化的读书活动形式，如领读、线上线下分享、亲子共读等，提供抱团取暖的成长场域，形成常态化的学习共同体，帮助家长建立科学的教育理念，促进学校教育目标的实现，进而形成家校社协同育人的良好局面。

一、家长学长传帮带，聚焦青春期成长

2024 年暑假，新学期尚未开始，初 24 级新生家长们便加入到水木清芬读书会的第一场活动中。从共读《与青春期和解》一书开始，将新生家长的关注点聚焦到如何正确认识青春期孩子身心发展特点、如何与之相处、怎样帮助青春期孩子等问题上。高年级家长们现身说法，精心组织线上分享和线下工作坊，帮助新生家长提高认知，谨防误判，为陪伴孩子安全度过青春期做好准备。

水木清芬读书会在某种程度上扮演了家长学校的角色。在这里，家长们通过持续的共读、共写活动，拥有了共同的语言、理念、价值和愿景，教育理念也有了进一步提升。针对家长们关心的家庭教育问题，水木清芬读书会先后组织了《比青春期更关键》《亲爱的孩子见字如面》《屏幕时代》《我们今天怎样做父亲：梁启超谈家庭教育》等书籍的共读活动。一些校外专家也应邀参与，如《与青春期和解》的推荐序作者、《比青春期更关键》的译者苏彦捷教授就曾莅临清华附中与家长们进

行交流互动。家长们通过书中案例和专家解读，认识到青春期孩子更需要理解与支持，而非一味地约束和管控，从而改变了以往一些"鸡娃"式教育方式，学会了尊重孩子的个性，引导孩子自主成长。

◀ 第 17 期水木清芬读书会《比青春期更关键》译者苏彦捷教授讲座

除了对齐最基本的教育理念，水木清芬读书会还力图跟进新课标改革方向，在家长学习中渗透最新的学习理念，培植更有营养的家庭育人土壤。例如，2024 年春季共读李泽厚先生《美的历程》活动就是一次精彩纷呈的项目式学习。家长从"中国美学如何发展变迁"这一驱动问题出发，分工整理全书精华，并通过思维导图、文字导读、鉴赏卡片、金句摘抄等方式呈现，其中的书画版块与六大社团之一的水木清芬书画社合作完成。之后又邀请到央视《国家宝藏》国宝守护人、北京大学考古学博士、中央美术学院人文学院副教授耿朔老师走进清华附中，举办《共读人文经典，重走美的历程》线下讲座；白雪峰副校长参加了此次活动，并盛赞其为家校社协同育人之美育提升了一个高度，点赞家长们共读经典的热情，寄语家长们从功利的思维中跳出来，多读书，借助经典的高度"拉开与现实的距离"，以更清醒的视角"做自己"。

与学校理念同频共振，多方协同，激发育人新活力也是水木清芬读书会在不断探索中坚持的方向。在2024年秋季的"大学"主题共读活动中，读书会深入探讨了大学教育对学生未来发展的影响，体现了清华附中"当好人民教育新示范，办好强国教育新样板"的发展愿景。水木清芬读书会选择了《金榜题名之后：大学生出路分化之谜》和《优秀的绵羊》两本书进行对比阅读：前者关注不同家庭背景的大学生在大学期间的成长路径，为寒门学子提供慰藉和帮助；后者反思精英教育的自我救赎之路，探讨如何改进大学教育目标和方式，培养有使命感和社会责任感的领导者。之后，水木清芬读书会又以"扬起自己的帆，创建有意义的人生"为主题，举办了线下沙龙，吸引了百余名家长和学生参加；清华大学大一学生王彦鲁学长分享《学长看大学》，为学生提供了真实的大学生活体验和建议；学生发展中心唐洁副主任出席并发言，用"阅读始于困惑"激励大家不惧迷茫，到阅读和行动中探索意义。该活动通过探讨大学教育的目标和方式，倡导家长和学生构建有意义的教育观、价值观和人生观，为清华附中实现"家国君子"的培养目标添砖加瓦。

二、家里的书房是最好的"学区房"

大人读书时专注的神态和满足的表情，大人之间讨论书中的人物与故事，亲子之间交流共读的心得，这些做法会比简单地把书丢给孩子，或者直接把书"喂"给孩子，更能够把孩子带进阅读的世界（摘自《朱永新谈读书》）。

水木清芬读书会是家长的读书会，我们的活动并不直接作用于孩子，但爸爸妈妈们享受阅读、合作共读的美好状态会真实地影响其他家庭成员。另外，与独自阅读不同，共读能带来很多批判性的思考碰撞，对书中的知识祛魅，反而促成了阅读与生活的真实联结。家长和孩子在阅读同一本书时，由于年龄、阅历和认知水平的差异，会产生不同的理解和感悟。例如，在阅读《金榜题名之后：大学生出路分化之谜》时，家长可能更关注家庭背景对孩子大学生活的影响，而孩子可能更关心如何在大学中找到自己的方向。通过交流，双方能够分享各自的观点，互相启发。在阅读《优秀的绵羊》时，家长和孩子可以一起探讨精英教育的利弊，以及如何不断培养自己的独立思考能力。

家里的书房之所以能成为最好的"学区房"，是因为它为孩子营造了一个充满爱与知识的环境，而水木清芬读书会则将这种家庭学习的氛围扩展到了更广阔的社区层面，成为一个无边界的美好学习社区。2024 年暑假共读林语堂的《苏东坡传》活动中，家长通过分享苏东坡的诗词、生活趣事及相关历史文化背景，不仅丰富了自己的知识储备，也为孩子提供了学习的素材。这种亲子共读的方式让孩子们在家庭环境中就能接触到丰富的知识和文化，拓宽视野，提升综合素养。此外，各家庭结合自身兴趣，又生发出很多个性化学习和体验方式，如参观三苏祠、在苏堤跑步、观看相关纪录片等，将阅读与生活紧密结合，让学习不再局限于书本。这种无边界的阅读体验不仅让家长和孩子在阅读中获得了知识和乐趣，还增进了彼此的理解和信任，形成温暖的家庭学习社区。在"我们的北京"主题共读活动中，家长和孩子一起阅读史铁生的《我与地坛》，参加了建筑学专业家长的线上分享会，实地参观了圆明园和地坛公园等。这些活动不仅加深了孩子对北京的了解，也增进了亲子关系，让孩子在实践中感受到阅读与生活的紧密联系。水木清芬读书会通过这些活动，为家长和孩子提供了一个互相启迪、温暖和滋养的精神家园。在这里，家长和孩子不仅能获得知识，还能感受到彼此的支持和鼓励，共同成长。

◀ 第 26 期水木清芬读书会"我们的北京"线下活动——圆明园漫步

三、协同共育，成长永不止步

在水木清芬读书会，组织者和参与者不仅是阅读的推广者，更是家校社协同育人理念的践行者。他们在繁忙的工作和生活之余，凭借对阅读的热爱和对协同育人的责任心，迎难而上，不断探索创新、反思迭代，将水木清芬读书会打造成一个充满活力、不断成长的组织，助力家长和孩子在阅读中共同成长。

1. 借力平台，整合社会资源

水木清芬读书会充分利用清华附中的优质资源，邀请众多知名作者和专家学者参与活动，为家长和孩子提供深度交流的机会。例如，曾邀请《薄世宁医学通识讲义》的作者薄世宁教授、《沟通的方法》的作者脱不花女士等参加活动。他们的参与不仅丰富了水木清芬读书会的活动内容，也为家长和孩子提供了更广阔的视野和更深入的思考。

2. 家校协作，助力亲子共读

清华附中的老师们积极参与水木清芬读书会，并成为智囊团，为家长和孩子推荐优质书籍，如历史组王敏老师推荐的《中国近代史》《屏幕时代》，语文组邱晓云老师推荐的《城门开》等。通过亲子共读，家长和孩子不仅拓展了课内知识，更提升了亲子交流的质量和温度，形成了良好的家校互动模式。

3. 五育融合，完善选书系统

水木清芬读书会有规范的选书流程，每半年选书一次，兼顾经典与前沿，涵盖教育、文史哲、人工智能、健康等多个领域。2024 年起，采用"三圈四类"选书系统，包括核心圈（青少年家庭教育与亲子关系）、中圈（个人发展与终身成长）、外圈（人文通识）等，确保选书的多样性和全面性，满足不同家庭的需求。

4. 各美其美，参与方式多元化

水木清芬读书会鼓励家长根据兴趣和特长参与共读活动，如擅长梳理者制作思维导图，擅长写作者分享读后感悟，擅长思辨者提出问题激发探讨等。这种多元化的参与方式不仅丰富了水木清芬读书会的活动形式，也提升了家长和孩子的参与度和积极性。

5. 建设团队，可持续发展

水木清芬读书会的发展壮大离不开家委会的悉心指导和支持。从 2021 年成立至今，水木清芬读书会不断完善团队建设，设立策划组和传播组，明确家校社协同育人目标，加强与家委会各部门的合作。2024 年，水木清芬读书会被推广到清华附中集团校，将台路校区和奥森校区通过共同组织水木清芬读书会变得空前紧密，形成了良好的协同育人氛围。

通过这些努力，清华附中水木清芬读书会不仅为家长和孩子提供了交流平台和丰富的阅读资源，更在实践中不断探索和创新，推动家校社协同育人模式的深化和

◀ 2025 年 3 月水木清芬读书会组织团建活动

发展。在这里，家长和孩子共同成长，携手前行，让协同共育的理念落地生根，让成长永不止步。

四、工作展望

2025 年寒假，第 29 期水木清芬读书会组织共读《县中的孩子》，这是方妍校长推荐给清华附中全校老师的书。方妍校长在推荐信中如是说："附中再进步，恐怕不是技能的问题，而是格局。这种格局，需要始于对当下中国基础教育的普遍关怀，并因这种关怀更加深刻地理解和感悟中国基础教育必须走出的困境，然后再'返回'到附中的教育中，使我们力主的'回归教育本质'成为更有温情的行动。"

回归教育本质，不应只由学校孤军奋战，家长更要履行家庭教育主体责任，培育积极健康的家庭文化，树立科学的教育理念，主动协同学校教育。水木清芬读书会将继续秉持初心，陪伴更多清华附中家庭，使孩子们在一路书香中幸福成长。

读书会案例一：

高等教育的迷思与突围

对于高等教育的审视和反思，是当今学校、家庭和社会普遍关注的话题。2024 年 12 月，第 25 期水木清芬读书会共读活动以"大学教育"为核心议题，力图通过主题共读探索高等教育的本质价值。

本次活动历时一个多月，取得了丰硕的成果。在本次活动的策划和落地过程中，我们采用了"众星拱月"的创新模式：以《金榜题名之后》与《优秀的绵羊》为精读双核心，辅以多元拓展阅读，结合线上线下立体化活动，带领百余位参与者共同思考精英教育的困境与突围路径，共同践行了清华附中家校共育的教育理念。

一、比较阅读，东西方教育困境的双镜透视

本期的两本精读书目形成了鲜明的对照：《金榜题名之后》聚焦中国寒门学子在名校中的文化障碍与出路

分化，而《优秀的绵羊》则批判美国精英教育培养出的"标准化优秀者"的焦虑与空心化。两本书从不同社会背景切入，共同揭示了教育体系中结构性不平等与个体价值迷失的普遍性。这种跨文化的对照既展现了教育公平的全球性挑战，也为家庭教育提供了"制度突围"与"自我觉醒"的双重启示。

策划团队提前月余开展深度研读，精心设计、比较阅读框架。16 位领读人接力开展每日导读，引发百余次高质量讨论，共读群最终扩展至 102 人。更宝贵的是，本次共读还邀请到多位"大学进行时"的家长代表分享感受和心得，从亲子沟通智慧到大学适应策略，为我们的共读带来了宝贵的亲历者视角。

二、活动矩阵，多维度立体化的碰撞与共鸣

本着知行合一的原则，本期活动不仅开展了两本书的精读和领读，还策划了小书房、沙龙和分享会等多种活动，力图从多元的角度启发大家的思考。

1. 小书房，时代洪流与个体选择

小书房佳作分享会是水木清芬读书会在 2024 年推出的创新活动形式，即围绕当月精读书目的主题，邀请家长分享与主题相关、可补充不同视角的佳作。

在本期"大学"主题共读活动中，我们共举办了两次分享会。

在《智人之上》一书的小书房活动中，我们跟随领读者共同回溯了信息文明的发展历程，也进一步思索了"人机共存"时代下的生存哲学。在 AI 飞速发展的时代背景下，这一分享和讨论具有极大的现实意义。

《在峡江的转弯处》一书的分享则更加富有人文关怀。领读者从陈行甲的成长轨迹和人生智慧出发，讲述了微观个体在时代洪流下的奋斗和选择。该书既是一部个人奋斗史，也是一部基层政治生态的微观记录，更是一曲理想主义的时代赞歌。这次分享会通过领读者的讲述，唤醒听众的思考：如何才能在人生的"转弯处"锚定方向，抵达更辽阔的生命之境？

2. 线下沙龙，知行合一的思想盛宴

在本期共读进行到高潮部分时，水木清芬读书会为大家贡献了一场温暖、丰盛的思想盛宴——线下沙龙《扬起自己的风帆，创建有意义的人生》，活动吸引了百余名家长和学生参与。这场思想盛宴既涵盖生命意义的终极追问，又提供切实可行的成长方法论，在理性思辨与人文温度的交织中，完成了一次滋养心灵的深度对话。

▶ 第28期水木清芬
读书会——"大学"
主题线下沙龙

　　本次沙龙活动从年度意义事件复盘开始，引发全场对教育本质的哲学追问，又以文学经典《呐喊》为切入点，揭示人文教育的精神赋能。在对话环节，嘉宾们从博雅教育到职场竞争，讲述了如何构建复合型人才成长图谱，又从养育理念的分享中展现了亲子共同成长的生命图景。

　　本次沙龙活动还邀请到了清华在读学长，他从自身经历出发，分享"山高万仞，只登一步"的实践智慧，向学弟学妹们传递成长型思维。在压轴环节，针对"没时间读书"的普遍困惑，学生发展中心唐洁副主任以"阅读始于困惑"的洞见，为学子们点亮心灵明灯。

三、破茧展翅，水木清芬读书会的持续创新与探索

第 25 期水木清芬读书会的"大学"主题共读既发扬了清华附中的家校共育理念，也在活动策划、实施方面实现了多重突破。

首先是模式创新，本次共读活动首创双核心"比较阅读＋星月联动"的机制，在精读书目之外，引导大家阅读、讨论多部与教育主题相关的书籍，兼顾深度与广度。

其次是参与升级，本次活动参与深度共读和讨论的家长有百余人，许多家长从听众转化为内容共创者，从不同的视角启迪和滋养他人。

最后是知行转化，通过"阅读—讨论—实践"，形成完整闭环，推动教育认知落地。

正如《优秀的绵羊》中所写的"教育是当遗忘所学之后留存的生命印记"。书本的金句、沙龙的内容固然是我们在本次活动中撷取的宝贵财富，但本次活动为每个家庭带来的关于教育的思考、启迪和实践，才是更加宝贵的火花，将持续照亮家校共育之路。

特别致谢清华附中学生发展中心专家的专业指导，以及所有领读人、家长志愿者的智慧奉献。水木清芬读书会将继续秉承"启迪、温暖、滋养"的理念，与所有教育同行者共赴成长之约。

读书会案例二：

阅读与美学的结合

在教育理念不断革新的当下，家校社协同育人成为促进学生全面发展的重要途径。清华附中水木清芬读书会积极响应这一理念，于 2024 年 3 月起精心组织了共读《美的历程》活动，这场活动一直延续至暑假，成功搭建起学校、家庭与社会深度合作的桥梁，为家长们带来一场沉浸式的美学探索之旅，也为家校社协同育人模式提供了优秀范例。

李泽厚先生的《美的历程》堪称一部美学巨著，冯友兰先生赞誉其为"一部中国美学和美术史，一部中国文学史，一部中国哲学史，一部中国文化史"。这样一部蕴含深厚文化底蕴的作品，吸引了百余位清华附中家长踊跃加入共读群。活动伊始，家长们便满怀热忱地投入到阅读中，每一次翻开书页，都仿佛踏入一个全新的美学世界，心潮澎湃，沉醉其中，收获了无数美好的阅读体验。

一、线上共读，凝聚智慧，共探美学奥秘

1. 思维导图与鉴赏卡片，构建知识脉络

在共读过程中，水木清芬读书会成员齐心协力，将书中精华以多样化的形式呈现出来。针对每一个章节，大家分工合作，完成导读、思维导图制作及鉴赏卡片创作等任务。以第一章"龙飞凤舞"为例，家长们深入探究人类审美意识的起源，对"远古图腾""原始歌舞""有意味的形式"三部分内容进行细致剖析。通过精心绘制的思维导图，梳理出内容的逻辑框架，让复杂的美学概念变得条理清晰；精美的鉴赏卡片则从不同角度对章节重点进行解读，配上生动的图片和精练的文字，帮助大家更好地理解和吸收知识。后续章节如"青铜饕餮""先秦理性精神""楚汉浪漫主义"等，在家长们的共同努力下，同样被层层拆解、深入挖掘，使每一个历史时期的美学特征都得以清晰展现。

这种合作共创的方式不仅加深了家长们对书籍内容的理解，更凝聚了团队协作的力量，让知识在交流与分享中得以升华。

2. 与水木清芬书画社联动，品味书法艺术之美

基于《美的历程》中所涉及的书法艺术内容，水木清芬读书会与水木清芬书画社展开了紧密合作。在为期

三天的书法专场推送中，水木清芬书画社的家长们聚焦于不同时期的书法艺术，从"青铜饕餮"之线的艺术所体现的大篆特点，到魏晋时期和唐代浪漫主义书风的代表作品（如陆机、二王、张旭、怀素、贺知章等人的书法佳作），通过思维导图和鉴赏卡片，介绍了书法艺术的演变历程及美学价值。例如，在解读《兰亭序》被誉为天下第一行书的缘由时，大家从对其文化背景、书法技艺、文学价值等多个维度的分析中，深刻领略到书法艺术所蕴含的独特魅力和深厚文化底蕴。

二、线下拓展，专家引领，实地感悟美学魅力

1. 专家讲座，回溯历史感悟美

2024 年 5 月 29 日下午，一场备受期待的美育讲座在清华附中精彩开讲。北京大学考古学博士、中央美术学院人文学院副教授、央视《国家宝藏》国宝守护人耿朔老师应邀出席，他以"追寻文物的脚步，感悟美的历程"为主题，为家长们带来一场知识与美的盛宴。耿朔老师凭借自身丰富的田野实践经验和深厚的学术研究功底，结合《美的历程》作者李泽厚先生的哲学视角，从历史、考古、艺术等多元维度，引领家长们穿越时空，回望中国悠久灿烂的历史文化。在其对一件件珍贵文物

▲ 第23期水木清芬读书会嘉宾耿朔老师的讲座"追寻文物的脚步，感悟美的历程"

的生动解读中，家长们仿佛置身于历史的长河中，亲身感受着华夏数千年的时代精神和人文风貌。

讲座结束后，白雪峰副校长为耿朔老师颁发荣誉证书，对其讲座给予高度评价，称赞其将家校社协同育人之美育工作提升到了新高度。同时，白雪峰副校长对家长们积极参与共读经典的热情表示肯定，鼓励家长们在阅读中实现自我成长，进而更好地陪伴孩子成长。在互动交流环节，家长们围绕美学和美育、考古和艺术等话题与耿朔老师展开热烈探讨，现场气氛十分活跃，大家纷纷表示深受启发，对美的理解有了全新的认识。

2. 博物馆研学，让美学知识落地生根

共读《美的历程》点燃了家长们对博物馆研学活动的热情。2024年7月13日，水木清芬读书会抓住暑期契机，精心组织了线下特别活动。选取了北京民生现代

美术馆的《驼铃声响：丝绸之路艺术大展》和国家典籍博物馆的《贞观：李世民的盛世长歌》两场展览，整合社会机构资源，为家长们和孩子们提供免费的博物馆研学课程体验。

活动当天，十余个清华附中家庭在专业老师的带领下，开启了一场深度的美学探索之旅。在展览现场，家长们和孩子们认真聆听专家讲解，仔细观察每一件展品，将书中所讲的美学知识与现实中的艺术作品相对照，亲身感受不同历史时期的文化魅力。此次博物馆研学活动，让美学知识从书本走进了现实，实现了理论与实践的有机结合，让美的历程在现实中得以延续。

三、美学赏析，素养提升，收获丰硕成果

通过本次共读《美的历程》活动，清华附中水木清芬读书会在家校社协同育人方面取得了显著成效。

从家长自身成长来看，他们在美学知识储备上实现了显著提升，对中国各个历史时期的艺术、文化、哲学等方面的美学特征有了系统而深入的理解，审美素养也得到了大幅提升。在活动过程中，家长们的好奇心、求知欲被充分激发，通过合作完成各项任务，提升了创新思维和团队协作精神。同时，活动促进了家长之间的深

度交流与互动，营造了浓厚的学习氛围，为家庭教育注入了新的活力。

从家校社协同角度而言，学校为活动提供了场地和组织支持，家长们积极参与并发挥自身优势，专家学者、艺术机构等社会资源也深度融入。各方力量紧密合作，形成了强大的教育合力。此次活动不仅丰富了校园文化内涵，也为学校、家庭与社会之间搭建了一座沟通的桥梁，促进了三方在教育理念和实践上的交流与合作。

许多家长表示，今后将响应学校倡导的"文理兼修、五育并举"教育理念，更加注重在家庭中开展美学教育，并积极参与学校组织的各类活动，与学校、社会一起为孩子的成长创造更加优质的环境。清华附中水木清芬读书会共读《美的历程》活动，以其丰富的内容、多样的形式和显著的成效，为家校社协同育人模式的实践提供了宝贵经验，展现了美学教育在促进学生全面发展中的独特魅力。

社团二：

清小鸭家庭成长社·倾听心灵

家庭是孩子成长的摇篮，也是每位成员共同蜕变的港湾。清华附中家庭成长社以"清小鸭"为文化符号，致力于为家庭搭建一个开放、温暖、互助的成长平台。在这里，我们相信每个家庭都蕴藏着无限潜能，每一段关系都能成为成长的催化剂。通过科学的设计与温暖的陪伴，我们与家长携手，助力家庭在轻松愉悦的氛围中突破瓶颈、实现共进。

一、清小鸭家庭成长社的角色定位

读懂清小鸭家庭成长社的名字就能理解该社团的定位。

1. 每一个家庭都有成长空间

清小鸭家庭成长社的前身是心理社，"心理社"这个名字难免给家长传递一种刻板印象：似乎只有出现心理问题时，才需要踏入这里寻求帮助。然而成长其实是永无止境的，每个家庭都蕴含着无限的成长潜能。因此，我们将其更名为"清小鸭家庭成长社"旨在传递更积极的信号：无论家庭处于何种阶段，都能在这里找到养分，持续进步。

2. 聚焦家庭，合力成长

与侧重个体成长的水木清芬读书会和生涯社不同，清小鸭家庭成长社聚焦于家庭中的"关系"。"关系"可能成为扼杀成长的"杀手"，也可能成为激发成长的催化剂，对成长至关重要。在清小鸭家庭成长社，我们希望培养互为教练的家庭关系，让家庭成员形成合力，共同突破成长的瓶颈。

3. "清小鸭"文化，轻松赋能成长

成长容易成为一个严肃的话题，但其实成长需要开放和放下自我的心态，而"清小鸭"就帮助我们为成长之旅赋予基调。这场成长之旅是愉悦的、温馨的、有小伙伴陪伴的，在这个场域里允许大家放开、玩起来、创意起来。

▌二、需求驱动，精准贴合家庭成长痛点

家庭教育的复杂性要求我们既要有宏观视野，又要深入挖掘细节。清小鸭家庭成长社始终以需求为导向，

从学校、家长、社会三个维度挖掘真实痛点，设计有针对性的活动和课程。

1. 学校的"教育规划引导"

学校领导与学生发展中心制订的学生教育规划涵盖品德塑造、心理健康、能力培养等多个维度，是重要的宏观指引，家长课堂活动必须与学校的整体教育目标高度契合。在学部及班主任老师与家长、孩子的日常互动中，往往蕴含着来自教育一线的宝贵反馈。比如，学校心理老师提到的学生同伴关系处理难题，很可能是家长在孩子社交引导方面有所欠缺；学部反映的毕业年级家长的焦虑情绪，会不可避免地传导给学生；宿舍管理老师提出的住宿学生家长与孩子之间的有效亲子沟通匮乏等。

2. 家长的"自身成长诉求"

在陪伴孩子成长的漫长历程中，家长们遭遇了形形色色的难题与困惑。比如，面对孩子过度使用手机的问题，他们常常感到无计可施；察觉到孩子学习压力过大时，却又不知该如何帮助孩子缓解。与此同时，家长们内心深处强烈渴望不断提升自我，期望掌握更科学、更有效的教育方法，从而更好地助力孩子成长。这部分需求丰富繁杂且细致入微，是"贴着家长走"的极为关键的组成部分。不过，这些需求往往仅呈现出表面现象，需要深入剖析，以探寻隐藏在背后的深层需求。

3. 社会机构的"专业视角赋能"

专业社会机构依托其在心理学和个人发展成长领域的专业优势，能够为清小鸭家庭成长社提供极具价值的建议。例如，学习力领域的专业老师将脑科学知识引入精力管理范畴，助力学生提高学习效率；家庭教育领域的专业人士引入管理和教练技术，帮助家长提升科学教育能力，使其能够更有效地引导孩子。

三、打造系列课程，持续提供成长动力

早期，清小鸭家庭成长社以单次讲座为主要活动形式。但在实践中，我们发现家长听完讲座后常感意犹未尽，而且机构老师也难以一次讲清核心要点，家长后续缺乏持续学习的动力，难以将所学用于日常生活。

基于这些问题，我们与专业机构合作，全力研发系列课程。课程体系分为三个部分：线上课程、线下实践、后期巩固，形成连贯有力的进阶式学习路径。

1. 线上课程

搭建线上课程体系，将专业理论梳理成系统知识脉

络。初期课程时长较长，随着对家长反馈的深入了解，课程逐渐聚焦，重点突出且体系完整。同时，推出"家长百问""15分钟短课"等课程，方便家长利用碎片化时间学习。在家长进行线上学习时，配套打卡作业，督促家长及时将所学知识付诸实践，形成学习与反馈的闭环，强化知识的吸收与转化。

2. 线下实践

在线上完成理论学习后，持续实践对积累经验至关重要。因此，我们推出线下实践营和线下团体辅导。通过组织家长进行刻意练习、案例分析等活动，帮助家长深化对课程内容的理解，将理论知识切实转化为实操技能。

▶ 2025年3月"三半家庭教练项目"线下大型辅导课

3. 后期巩固

在线上线下课程结束后，我们定期举办案例分析会，让家长们齐聚一堂，共同重温所学知识、交流实践经验；持续营造浓厚的学习氛围，让家长在循环学习中不断成长。

四、社群联动，营造学习氛围

清小鸭家庭成长社的成员们深知，个体的成长需要群体的滋养。通过构建多维度、多层次的家长社群网络，我们打造了一个相互补充、彼此呼应的学习生态，在这里，每一位家长既是学习者，也是照亮他人的微光；每一个家庭既能汲取养分，也能贡献智慧。我们相信，当教育回归人与人的真实联结，成长自会生根发芽，绵延不息。

1. 清小鸭家庭成长社大群，持续浸润的学习场域

清小鸭家庭成长社大群整合发布课程信息、专家资源与学校活动，并借助《朝夕集》《火花集》推送家庭教育金句，分享家长学习心得与实践感悟，强化正向行动的共鸣，形成一种浸润的氛围。

2. 课程大群，课程学员的共学空间

聚焦学习过程的动态化管理。家庭成长社发布课程精华摘要与行动指南，助力家长快速复盘知识要点；设置主题打卡任务，鼓励家长记录实践过程，并通过反馈与互动答疑，形成"学习—实践—反馈"的完整闭环；定期展示优秀实践案例，树立可借鉴的标杆，激发家长持续行动的动力。

3. 学习小组群，深度联结成长伙伴

小规模学习小组以高黏性、强信任为特点。成员通过梳理家庭现状与成长目标，为互助奠定基础；围绕常见教育议题展开深度研讨，结合线下互动活动，深化情感联结，形成"问题共解，经验共享"的互助生态。

4. 志愿者社群，清小鸭家庭成长社的动力核心

志愿者团队是社群运营的核心驱动力。志愿者不仅是活动的组织者，更是家庭成长的同行者。通过科学的运营机制，志愿者团队实现了高效协作与个人成长的双赢。

以心育心，以爱育爱：清小鸭家庭成长社始终坚信，家庭的成长是一场需要智慧与温度并行的旅程。我们将持续深耕课程、联动社群、凝聚志愿力量，让每一个家庭在清小鸭家庭成长社的陪伴下，收获温暖，见证蜕变，共赴成长的星辰大海。

家庭成长社案例一：

"三半"家庭教练项目——家庭成长支持新范式

家委会以家校社协同育人为核心理念，联合专业家庭教练团队推出三半家庭教练项目，构建家庭养育支持系统与三半家长共学支持系统双轨模式，探索家校协同育人新范式。该项目针对中学生内驱力培养难题，创新提出"半急—半知—半说"教练模型，帮助家长缓解焦虑、改善亲子沟通、托举时代少年。三年来，该项目累计服务5000余名家长，满意度达90%，助力家庭实现关系改善与教育能力提升。家委会通过重视、扶持、协同三个支柱，既为专业机构提供校园支持系统，又通过定制化调整，精准匹配需求，形成"协同创业"伙伴关系，为家校社"教联体"建设提供了可复制的经验范式。

一、不只是"甄选机构"，更是"协同创业"

家委会自2021年7月起引进专业家庭教练，开创了一套青少年家庭养育课程"沉静家庭价值连城——三

```
沉静          青少年家庭  →  沉静下来  →  用半急
家庭                                      激发内驱力
价值
连城                                          ↓
          家庭合力  ←  用半说       用半知
          中学发力     激活行动力     谋求共识力
```

▶ 青少年家庭沉静
养育路径

半内驱密码"（以下简称三半项目）。

围绕"如何提升中学生内驱力"这样一个真实的挑战难题，三半项目提出"三半教练模型"（半急—半知—半说）：用半急激发内驱力，用半知谋求共识力，用半说激活行动力。清华附中家长在参加完三半项目后，成了家里的青少年养育专家，更重要的是，肩负强国育人责任的清华附中家庭，在"三半"家庭教练理念的支撑下，学到了在 AI 大变革时代引领"附中娃"的创新方法，成为家里的"明白人"，而不是盲目说教、强硬管教、冲突不断，从而更有能力托举天赋异禀、志存高远的"附中娃"。

自 2021 年 7 月至今，近 5000 名清华附中家长参加了三半项目的各项教练活动，好评如潮，平均满意度约90%。几年来，终身学习部为报名家长组建了"三半共学空间"，通过群内互动、教练点评和每周三晚上的教

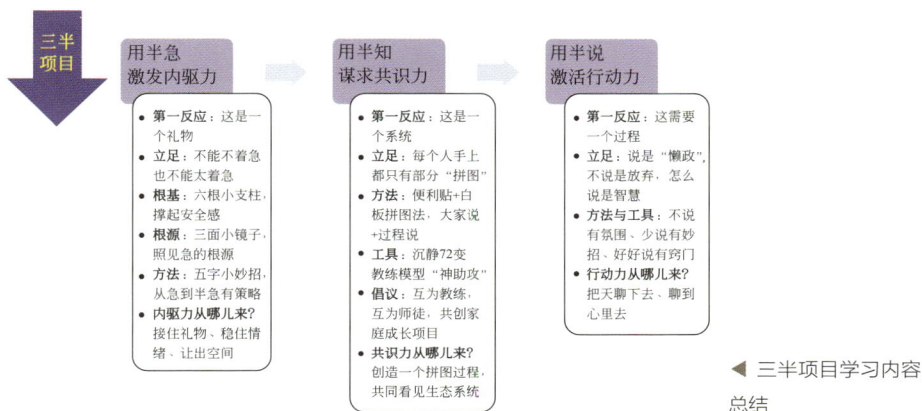

◀ 三半项目学习内容总结

练直播，对听课家长提供自学支持和教练辅导。三半团队为清华附中家长提供了丰富立体的教练支持形式，对积极听课的清华附中家长进行深度辅导，包括线下教练工作坊、个性化议题团体私教、家庭微行动等，形成三半家长共学支持系统。

从引进优质课程到共同建设支持系统，从倡议家长自学到组织校园共学，三半项目在清华附中本部的发展过程正是家校社协同育人工作的丰硕成果之一。三半项目为清华附中家长提供家庭养育支持系统，家委会也为三半项目提供了校园运行支持系统，这套系统可以概括为三个关键支柱：重视、扶持、协同。

1. 高度重视

学校领导重视家长的学习与成长，确定了家长内在成长这一重要方向，每次工作会议都组织家委会和专业

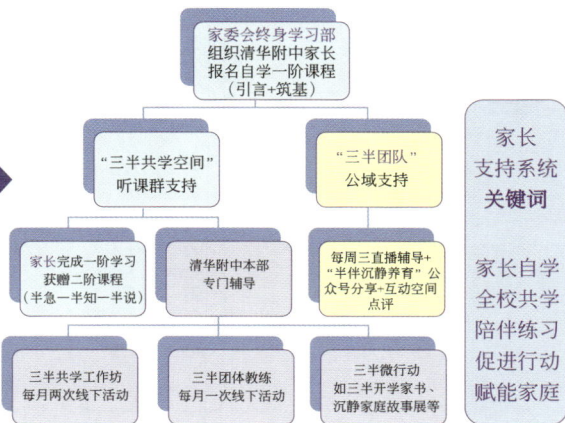

清华附中本部家校社协同
三半家长共学支持系统

学校：政策与管理、组织与协作
分管校领导
学生发展中心
家委会终身学习部

家长：自主学习、积极行动
清华附中初中、高中各年级家长

社会机构：专业课程、系统支持
半伴沉静养育教练工作室
课程原创与主理人：刘刘教练

家委会终身学习部
组织清华附中家长
报名自学一阶课程
（引言+筑基）

"三半共学空间"
听课群支持

"三半团队"
公域支持

家长
支持系统
关键词

家长自学
全校共学
陪伴练习
促进行动
赋能家庭

家长完成一阶学习
获赠二阶课程
（半急—半知—半说）

清华附中本部
专门辅导

每周三直播辅导+
"半伴沉静养育"公
众号分享+互动空间
点评

三半共学工作坊
每月两次线下活动

三半团体教练
每月一次线下活动

三半微行动
如三半开学家书、
沉静家庭故事展等

▲ 三半家长共学支持系统示意图

机构讨论议定如何调配各项资源，共同培育家长的好状态，进而托举清华附中学子的成长。

2. 全力扶持

将校外专业机构的商业培训产品全盘照搬进校园是不合适的。三半项目在清华附中开花结果的过程，正是家委会各届会长及终身学习部各届家委，不断投入精力浇灌培育的产出成果。

3. 全程协同

终身学习部决不只是甄选出某个专业机构后，就只做专业课程的组织者而已，而是与专业机构的工作团队一起"协同创业"，一次次线上线下开会研讨、交流想法、共同打磨课程方案和辅导方案，在此过程中共同克服了很多困难，并且在专业机构感到压力的时候及时送上真诚的鼓励，真正体现了家校社协同努力、共同创业、砥砺前行的过程。

二、不只是"通知家长听课"，而是"为家长做定制调整"

终身学习部与三半项目紧密协作，紧扣清华附中家庭需求，不断对三半项目进行定制调整。通过"分层服务、规模优化、内容深化、模式创新及普惠机制"五大策略，构建了一套灵活多元的教育服务体系，旨在满足不同家庭阶段与需求的个性化学习目标，同时提升整体参与度和参与效果。

1. 分层服务：精准匹配家庭需求阶段

针对清华附中家庭在子女教育周期中的差异化需求，采取了普适性与针对性相结合的策略。对于刚入校的家庭、毕业班家庭及有个性化议题的家庭，分别推出了有针对性的工作坊教练辅导活动。这种分层设计既覆盖了普遍性教育痛点，又为特殊需求家庭开辟了个性化通道。

三半家庭教练项目特点	清华附中家长需求特点	家委会终身学习部定制调整方向	五项经验总结
适合所有青少年家庭	不同年级、不同家庭的需求不同	为刚入校的家庭、毕业班家庭提供专门的工作坊，为有个性化议题的家庭提供团体私教活动	分层支持：普适性与针对性相结合，普适性与个性化相结合
线下工作坊以10~20人小课为最佳状态	人数众多	培养志愿者，逐步扩大到50人中型工作坊及百人大型教练活动	规模优化：小范围与大规模相结合
线下工作坊一次只针对一个知识点	家长可能并没有机会多次参加，希望每次有更多的体验和学习	适当增加每次工作坊的体验丰富度和议题深度	内容深化：知识点与侧重点相结合
线上课程以自学为主	家长工作忙碌、线上完课率低	多次举办线下共学活动	模式创新：混合式学习线上线下相结合
付费家长学习状态更好	家长付费意愿不够强	团购优惠＋学校基金补贴	普惠机制：学校支持与低价付费相结合

▲ 终身学习部为三半项目定制调整规范

2. 规模优化：弹性扩展与资源协同

基于清华附中家长的参与偏好，定制调整后的三半项目重构了工作坊的规模体系，通过志愿者培养计划，储备助教资源，逐步拓展至50人中型工作坊及百人大型教练活动，形成"小班精准辅导＋大课高效覆盖"的协同模式。这种弹性规模设计既降低了运营成本，又通过规模化传播扩大了受益群体，实现了资源利用率最大化。

3. 内容深化: 单次体验与持续价值融合

为提升家长持续参与意愿, 定制调整后的三半项目对工作坊内容进行了结构性升级, 兼顾内容厚度和互动深度, 有效解决了一次活动仅触达单一知识点的局限, 使家长在有限参与频次中获得叠加价值。

4. 模式创新: 混合式学习生态

针对线上课程自学完课需要毅力自律的痛点, 定制调整后的三半项目采用"线上自学 + 线下共学"双轨制, 这种混合模式使自主学习与社群共学优势互补, 构建了可持续的学习闭环。

5. 普惠机制: 降低参与门槛的价格支持

家长为自身学习的付费意愿通常偏低, 为解决这一难题, 定制调整后的三半项目推出了"团购优惠 + 学校基金补贴"组合方案, 此机制显著降低了家长的参与成本, 使不同经济状况的家庭均能获得支持。

综上所述, 终身学习部与三半团队的协同定制, 本质上是通过需求分层、资源重组与模式再造, 将标准化产品升级为动态响应系统。该项目不仅解决了家庭参与度、内容适配性、成本可控性等传统痛点, 更探索出学校教育资源与家庭学习需求的高效对接路径。

三、协同经验、创新启示与赋能价值

三半项目在清华附中本部逐步发展，支持成百上千个清华附中家庭实现了家庭关系的改善，喜获孩子学习状态的改善及个人生活习惯的改变。家长由衷感慨："原来，'说'是懒政，不说、少说才是家庭养育大智慧。"

桥梁、智囊团、加油站、灭火器、镜子、制动器⋯⋯参加三半项目的家长经常用这些比喻来形容三半项目的价值。其实，家委会正是三半项目背后的引擎和支持系统，家长送给三半项目的这些比喻同样体现了该项目的家校社协同经验、创新启示与赋能价值。

1. 桥梁与智囊团

家委会发挥了桥梁、智囊团的作用，连接起学校、家长与专业机构的多重需求，使得 1+1+1>3。

2. 加油站与灭火器

在学校、家长的复杂需求下，终身学习部各届各级家委与三半项目组良好合作，时而"加油"、时而"灭火"，真正做到了"帮助专业的人集中精力做好专业的事情"。

3. 镜子与制动器

终身学习部还发挥了观察员、指导员的作用，及时给专业机构和清华附中家长送上镜子般的中立反馈，及时协调落地各种调整动作，甚至有时候要踩一脚制动器，及时纠偏。

清华附中的三半家庭教练项目产出了三半家庭养育支持系统和三半家长共学支持系统两项扎实成果，不仅为清华附中的家长和家庭带来了关系力、沟通力和创新力，而且系统化构建了学校教育服务新范式，增强了家校社协同育人经验，是遵循国家《中华人民共和国家庭教育促进法》要求的有益尝试，是对教育部等十七部门联合印发的《家校社协同育人"教联体"工作方案》的积极响应和切实践行。同时，关于"沉静家庭"的倡导，源自清华大学经济管理学院杨斌教授翻译并倡行的《沉静领导》一书，是领导力理论在家庭养育领域的迁移应用，也是响应国家"大中小一体化协同育人"教育政策的有益实践。

家庭成长社案例二：

自主学习项目——构建自组织的成长生态

在当今教育变革的浪潮中，培养学生的自主学习能力已成为教育领域的核心议题。清华附中自主学习项目应运而生，该项目旨在构建适应成长又促进学习的自主学习环境。然而，项目在建立初期面临多重挑战，家庭支持不足、家长参与意愿薄弱、家校信任尚不充分等问题如同一道道屏障，阻碍了项目的推进。

面对挑战，家委会和自主学习项目组在清华附中"家校社协同育人"的思想引导下，以"自组织的成长生态"为目标，真正解决让家长"参与进来，行动起来，持续下去"的三大难题，激发家长从教育的旁观者转变为参与者、行动者和推动者。在这一探索过程中，家委会与自主学习项目组紧密合作，共同迭代打磨方案，在探索自主学习的良性成长生态方面，找到了一条可行的路。

一、参与进来：用需求激发家长的主动性

家长参与该项目的最大动力源于孩子的学习需求。自主学习项目组发现，家长最迫切的需求是帮助孩子解决具体学习问题。

1. 以学习场景为支点，解决实际问题

团队以"学习场景"为切入点，设计实操指导方案。例如，针对学习主动性不足、学习成效突破困难、谈学习便亲子关系紧张等常见问题，提供分阶段的解决策略，如情感满足、管理刹车、掌握目标、提振信心、时间管理等工具和方法等。这种"问题导向"的设计让家长感受到方案的实用性，从而主动参与进来。

2. 家长课堂：科学分层，精准赋能

为提升家长的教育能力，自主学习项目组开设了系统化的家长课堂，聚焦学习方法、内驱力激发、亲子沟通等核心主题。家长课堂创新性地将学生的学习状态划分为六个阶梯。

——0阶（厌学／拒学）：抵触学习，无法正常上学。

——1阶（艰难维持）：被动应付，成绩持续下滑。

——2阶（完成任务）：完成作业，但缺乏主动性。

——3阶（主动探索）：开始尝试好的学习方法。

——4阶（融会贯通）：灵活运用知识。

——5阶（自主学习）：独立规划学习路径。

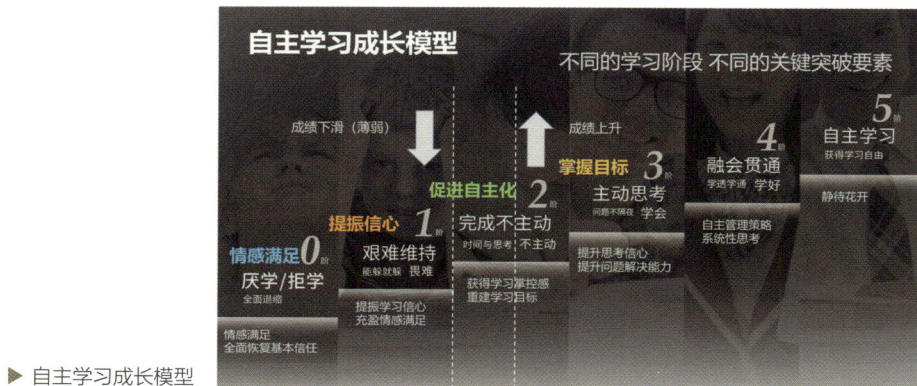

▶ 自主学习成长模型

通过这一分层模型，家长能清晰定位孩子的学习状态，并获取针对性指导。例如，针对0阶、1阶学生，家长课堂重点传授如何重建学习兴趣；针对3阶、4阶学生，家长课堂则侧重培养高阶思维和自主学习技巧。

3. 成效：从"唯分数"到"重能力"的认知转变

家长课堂不仅传授方法，更转变了家长的育人理念。参与自主学习项目的家长反馈，他们开始更关注孩子的学习习惯、心态调整和自主管理能力，而非单纯追求高分数。

二、行动起来：多元路径推动教育实践落地

家长参与学习后如何行动起来，是自主学习的认知和实践是否能真正落地的关键环节。为此，家委会一方面持续做好家长调研，另一方面和自主学习项目组高频共创，找到了多条路径来推动实践。

1. 线上家长课堂：系统化学习 + 行动陪练

自主学习项目组设计了"自主学习 1+3 指南"，涵盖自主学习的心法与技法，从自主学习定位分析，到针对性指导的四大模块，再到亲子沟通的技能指导等模块，做好线上培训。自主学习项目的教练和顾问则为家长提供每日行动打卡的"线上陪跑"，为家长的行动心得和分享提供即时反馈和实践指导，让行动的第一大难点"启动"获得有力的支持。

2. 线下行动营：从理论到实践的桥梁

由家委会牵头，自主学习项目组承接，开展了"自主学习家长行动营"项目，聚焦行动，进一步将家长的实践引向深入。持续六周、每周一次的线下家长体验式行动学习，与每周六天的家庭实践形成了"指导—行动—反馈"的积极闭环，让家长们真正体验到了行动的积极成效，从而内化新的认知和操作要点，建立自主学习的信念。

自主学习家长行动营的确取得了预期的成效，并在优化后超越了大家的预期，家长们在学习主动性、自主学习能力、亲子关系甚至家校关系等方面发生了显著的改变。自主学习家长行动营的家长们不再紧盯孩子成绩之后，发现孩子们的成绩反而实现了显著增长。

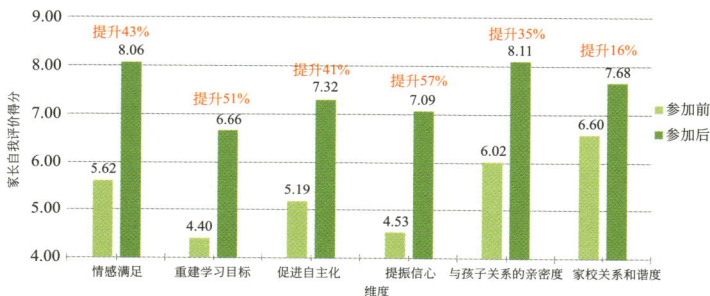

图中数据：
情感满足 参加前 5.62，参加后 8.06，提升43%
重建学习目标 参加前 4.40，参加后 6.66，提升51%
促进自主化 参加前 5.19，参加后 7.32，提升41%
提振信心 参加前 4.53，参加后 7.09，提升57%
与孩子关系的亲密度 参加前 6.02，参加后 8.11，提升35%
家校关系和谐度 参加前 6.60，参加后 7.68，提升16%

3.案例切片分析会：通过案例剖析，撬动学习与实践

随着线上陪跑和线下行动的深耕，家长对实践指导的需求持续深化，需要更贴合学习场景的深度指导。因此，在家委会与自主学习项目组的共创下，开展了学生辅导和家长咨询的案例切片分析会。案例切片分析会一出现，就引发了家长的讨论小高潮和实践小热潮，足见这种形式的生命力。

三、持续下去：实现学习与行动的长效机制

生态可以滋养和赋能系统中每一个人的成长，但要

建立起生态却是难上加难。要建立起生态，就必须解决可持续的自生长问题。因此，在"参与进来"和"行动起来"之后，便要重点解决"持续下去"这件事。

要解决这件事，一方面需要建立互为支持、彼此赋能的学习与行动共同体，另一方面需要建立为这些共同体持续赋能的互助网络。为此，家委会和自主学习项目组开始着手构建家长学习行动小组，酝酿家校联动协同项目，并根据孩子的学段、特点等特征，将家长划分为线上年级社群与线下共学小组，形成互助网络。

建立可持续的学习共同体是最大的难点之一。家委会和自主学习项目组借力自主学习家长行动营，营造了六周共学实践的小组学习环境，解决了家长小组组建和共学启动难的问题，让小组成员建立起深入的学习和情感链接，为其可持续打下了良好的基础；每月定期举办线下深度交流活动，围绕"学习内驱力""情感满足""制定学习战略""掌握目标的建立"等主题展开的实践分析与研讨也为家长们线下的见面交流增添了许多抓手。

线上社群定期推送教育资源，并发起话题讨论和答疑指导，如"如何培养孩子的内驱力""时间管理""大考前后的学习沟通"等，打破了时空限制，提升了参与的便捷性。

四、反思与成长

在自主学习家长课堂项目的发展进程中，反思与成长始终是推动项目持续发展和建设不断前行的动力。回顾探索的历程，我们发现清华附中自主学习项目能取得成效，离不开以下三个关键原因。

（1）学习共同体的理念。清华附中家校社协同育人的理念一直是开展自主学习项目最大的目标，家委会与自主学习项目组在探索实践的过程中也一直在践行"学习行动共同体"。共创、共建、共同面对，这些都是取得成效的关键。

（2）基于家长的真实需求不断迭代优化。回顾自主学习项目发展历程，我们发现，家长的真实需求始终是活动的起点，也能清楚地看到项目不断优化的轨迹。从最初没有方向，形式主题都在摸索，到逐渐沉淀下来形成的"线上家长课堂""线下行动营""案例切片分析会"，每一个受人欢迎的活动都来自家委和自主学习项目组的共创。而每一个落实都来自家委和自主学习项目组运营与专业的双向支持。

（3）通过"参与一行动一持续"的闭环设计，家庭与学校从松散协作走向深度共生。这一模式不仅提升了学生的自主学习能力，更重塑了家校关系，为未来教育创新提供了可复制的范本。

家庭成长社案例三：

家庭心理项目——定制化沙龙实践

┃ 一、需求洞察：当家庭困境遇上"沉默的求助"

通过对家长的需求调查，我们发现部分家庭面临孩子厌学、亲子冲突等复杂心理问题，但因隐私顾虑、对咨询流程陌生或对效果存疑，这些家庭迟迟未寻求专业帮助。这类案例往往需要针对性的分析，大型讲座或标准化工作坊难以满足其深度需求。如何为这些家庭搭建一个既能保护隐私、又能提供即时支持的服务入口，成为清小鸭家庭成长社面临的一大挑战。

┃ 二、破局关键一：从精准招募到隐私护航

考虑到有效的心理咨询带有个体特殊性，不太可能大规模地开展，我们选择了 30 人以内的心理咨询工作坊，这个规模对于寻找适合参与的人群提出了挑战。

我们通过精准的宣传来吸引目标群体的参与。同时，通过问卷设计，根据孩子的客观状态进行精准筛选，避免非目标家长报名参加。家长需填写详细的案例背景，咨询师团队据此提前分析共性痛点，为现场互动储备话题。

三、破局关键二：无剧本的即时对话，让咨询"看得见"

活动现场，首先通过展示问卷数据，让参会家长对同行者有一定的初步了解，从而增进彼此之间的共鸣和理解。随后，在咨询师团队的引导下，巧妙复刻"与咨询师面对面"的沉浸式场景。全程无预设环节，全凭家长现场提问，以及同伴的同频启发和思考，咨询师即时引导、剖析，为每位参与的家长提供切实的赋能托举。

这种"轻量级介入"既解决了家长对隐私和成效的顾虑，又以更具温度的方式扩大了心理健康支持的覆盖面，为后续精准服务奠定了信任基础。活动结束时，家长们纷纷表示收获很大，部分家长甚至激动地拥抱组织活动的家委，表达内心的感激之情，这充分验证了活动的有效性和价值。

四、复盘展望：建立金字塔形分层服务体系

创新的活动形式与咨询师团队所提供的服务高度契合，取得了显著成效。然而，我们也意识到，当前的服务模式还无法覆盖到更多有需求的家庭。鉴于心理咨询师团队的专业特点，我们计划通过多样化的活动形式，建立金字塔形分层服务体系，精准地帮助更多家庭。

一方面，我们不断举办大型公益讲座，面向更广泛的家长群体，提供普惠性的心理健康知识讲解，夯实清华附中家庭的心理健康知识和素养基础。另一方面，我们持续开展工作坊，进一步筛选和定位有精准需求的家庭，为他们提供更深入、更专业、更有针对性的支持。此外，团队还可以在校外提供一对一的咨询服务，针对有特殊情况的家庭提供个性化的帮扶方案，确保每个有需求的家庭都能获得最适合自己的心理健康支持。

我们希望通过这种全方位、多层次的服务体系，为更多家庭提供切实有效的帮助，让心理健康教育真正走进每一个家庭。

家庭成长社案例四：

志愿者团队的组织与运营

家委会是一个志愿者组织，如何有效地组织、运营一支志愿者团队是每个部门、每个社团都面临的问题。清小鸭家庭成长社志愿者团队的运营是非常有特色的。该团队在迅速扩大的同时做到了有序管理，团队充满活力与凝聚力。下面以清小鸭家庭成长社志愿者团队的组织、运营为例，总结志愿者团队管理的一些经验。

一、使命感：护航孩子健康成长

共同的初心、使命是每个组织能够感召和凝聚志愿者的基础。清小鸭家庭成长社在招募志愿者的过程中非常注重志愿者的服务初心，守护孩子眼里的光、护航孩子健康成长是大家共同的心愿。大家深知，自己的每一份付出都可能成为孩子成长路上的重要助力，成为家庭和谐发展的稳固基石。这份沉甸甸的责任激励着每一位志愿者热情投入，"发真诚之心，行务实之善，惠及广大之众"。

二、归属感：打造团队个性文化

志愿者团队是没有利益绑定的、相对松散的组织，清小鸭家庭成长社通过打造团队个性文化，使志愿者有归属感、志愿者团队有凝聚力。

在清小鸭家庭成长社，每一位志愿者都有专属花名，如"山茶花""牡丹""丁香"。每一个志愿者小群都有独特的群名，如"心花怒放""花团锦簇""国色天香"。亲切的称谓、欢乐的气氛让大家成为亲密的伙伴，乐于在集体中贡献自己的力量。

清小鸭家庭成长社成立一段时间后，开始汇编并推出电子刊物《火花集》《朝夕集》，刊物编辑群的名称为"朝花夕拾"。上面这些名称都是大家共创后投票产生的，共创过程极大地提高了志愿者的参与感和成就感。每学期大家都积极报名为刊物撰稿，两个集子就像大家共同养育的孩子一样。

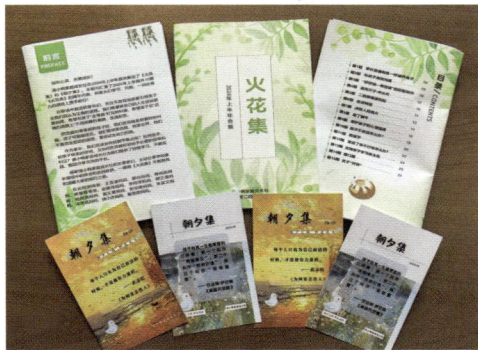

◀ 纸质版《火花集》《朝夕集》合集

三、成长感：赋能个体卓越蜕变

在志愿者付出的同时，清小鸭家庭成长社也令每一位志愿者收获真实的个人成长。

在清小鸭家庭成长社线上、线下课程的学习过程中，我们鼓励志愿者积极担任组长、学委等职务，带头打卡和分享。课程结束后，大家又一起编辑《火花集》，在运营公众号的过程中再次反复琢磨学习内容，通过相互探讨、打磨输出，进一步加深对课程的理解，学习效果远远超过了个人独自学习。

▶ 清小鸭家庭成长社志愿者积极分享

此外，组织各类活动也成为志愿者们锻炼自己的重要途径。从活动策划、组织协调，到图文编辑、项目管理，志愿者们在实践中不断摸索、不断尝试，各项能力都得到了显著提升。这种全方位的成长让志愿者们真切地感受到自己在不断蜕变，变得更加优秀和自信。

四、高效性：锻造高效协作机制

志愿者们都是利用个人业余时间做出无私奉献，因此组织工作需要力图高效。清小鸭家庭成长社的午间例会就充分体现了这种高效的特色。

考虑到许多志愿者晚上需要陪伴孩子，例会选在午饭时间线上举行，这个时间段大家的出勤率非常高。为了不占用大家过多时间，同时为了保证会议质量和效率，一般会提前发布议题，会上轮流计时发言，充分尊重每个人的观点，以共创为主，鼓励提出创新的观点。无论观点是否成熟，都不会被轻易否定，而是共同探讨其可行性。会后，会有成员及时撰写总结并发送给所有成员，确保团队信息同步，并对会上讨论的内容积极跟进。这种高效协作机制让团队能够充分利用碎片化时间，快速推进各项工作，提高了整体的工作效率。

此外，清小鸭家庭成长社拥有清晰且有交叉的组织架构。这种架构设计让团队在职责清晰的同时，在几个小组间形成互为备份支撑的结构，便于紧密协作和灵活流动互补。这样的架构可以使一个相对松散、人员时间具有高不确定性的志愿者组织极大地降低沟通成本，提高运行效率。

五、价值感：收获认可、见证变化

　　清小鸭家庭成长社的各项活动收获了满满的认可，这让志愿者们真切地感受到了自己工作的价值。通过大群用户调查反馈，志愿者们能直观地看到家长们对活动的高度评价和认可；机构课程报名踊跃，也从侧面反映出家长们对团队工作的信任。在学生节家校论坛展示时，清小鸭家庭成长社的工作得到了校领导的认可，众多家长和学生踊跃参与，积极加入清小鸭家庭成长社，这更是对团队工作的极大肯定。

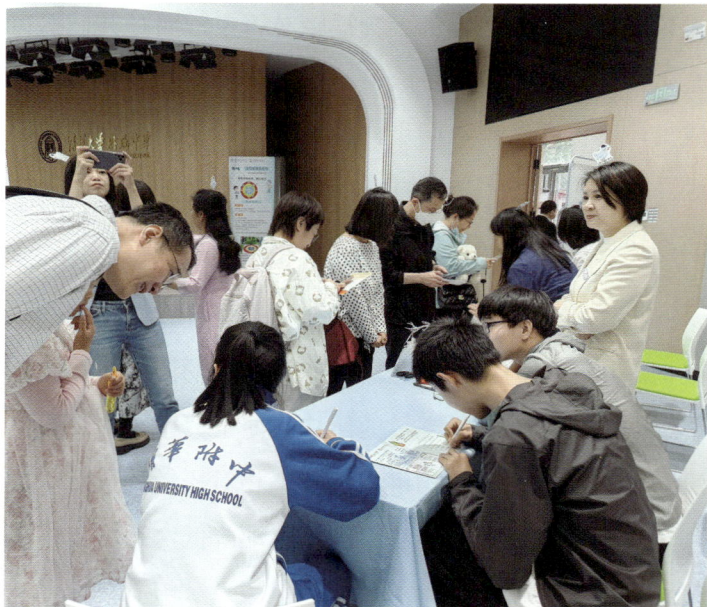

▶ 2024 年学生节，家长和学生踊跃参加"亲子心意卡"活动

这些认可不仅是对过去工作的总结，更是对未来工作的激励。志愿者们看到自己的努力能够带来实实在在的改变，看到家长们因为参与活动而在教育理念和方法上有所提升，看到孩子们在家庭和团队的共同关爱下健康成长，内心充满了成就感。这种收获认可、见证变化的过程，成为志愿者们持续参与、不断奉献的强大动力，更加坚定了在这条志愿服务的道路上走下去的决心。

社团三：

生涯社·助梦启航

在家校社共育理念的指引下，"内外探索，助梦启航"的生涯社应运而生。我们期望借助家委会的力量，凝聚来自各行各业的家长，辅助学校开展一系列高质量且富有启发性的讲座，同时促进家长之间、家长与孩子之间的交流分享，助力孩子们了解自身兴趣、挖掘内心热爱，培育他们的生涯规划意识，引领他们在内外探索中开启梦想之旅。

一、生涯社的萌芽

最初，终身学习部应学校要求，在家长群体中寻觅专家资源，邀请专家进校园开展各类主题讲座。随着学校学生生涯工作的推进，为增强针对性，我们面向不同学部增设了行业讲座，在全校范围内招募了来自不同行业的家长志愿者后，每次"行家开讲"活动都会安排四位来自不同领域的行家同时开讲，孩子们可依据自身志向与兴趣自由选择聆听。在每场活动的嘉宾安排上，我们都会确保有两位来自形成新质生产力的大国重器领域，一位来自企业应用领域，一位来自人文社科领域。

后来，伴随着几十场"行家开讲"活动的组织，我们留意到孩子们在此活动中呈现出几个显著特点：人文社科类讲座的选听人数相对较多；那些跨专业、跨行业且工作经历丰富的行家更受孩子们欢迎；每场讲座都会吸引几位对该领域兴趣浓厚的同学，他们会追着嘉宾不断提问；孩子们对科技企业、学科应用领域的讲座表现出更高的关注度。鉴于受众是孩子们，我们还向孩子们发放了调查问卷，结果显示他们对与行业发展、工作领域、应用实践相结合的内容兴趣更为浓厚。

二、生涯社的组建

1. 呼应需求

在推进学生生涯工作的过程中，我们发现家长对生涯相关话题的兴趣和知识需求更为强烈。于是，在2024年5月25日的学生节，我们大胆尝试开展了"生涯探索坊"活动。此次活动邀请了四十余位来自不同行业的家长，以一对一的形式，为前来咨询生涯问题的家长和同学答疑解惑。此次活动获得了家长、学生及学校领导的一致好评，也为我们组建生涯社增添了信心。

▶ 2024 年 5 月学生节的"生涯探索坊"活动

2. 初建团队

在 2023—2024 学年新一届家委会组建完成后，终身学习部针对生涯社专门招募了志愿者团队，并成立了"生涯社共创群"。在线下共创会上，我们与家长志愿者进行了深入的沟通与探讨。同时，我们建立并管理了六个生涯社微课学习群，主要用于发布学校生涯老师录制的微课及与生涯相关的知识文件。在群内发放的生涯调查问卷，短短几天便收到了约 500 份家长的反馈。

3. 深入了解

通过对家长反馈的深入分析，我们发现，在"家长在生涯教育中承担的责任"相关问题上，家长们普遍认为应积极与孩子探讨未来的职业理想和人生规划，引导孩子全面认识自己，包括兴趣、能力和价值观，助力孩子进行职业探索与规划，以了解不同职业的特点和要求，鼓励孩子探索多样的生涯可能性，分享自身或身边人的职业经历和故事，陪伴孩子度过生涯探索过程中的困惑与成长阶段。

在"家长目前在生涯教育中遇到的困难"相关问题上，家长们反馈最多的是缺乏对不同职业领域的详细了解，包括发展前景、所需技能等；缺少相关的教育资源，如职业体验机会、专业资料等；难以找到可靠的信息来源，无法判断信息的准确性和实用性；渴望邀请专家开展生涯教育讲座并进行答疑；希望得到帮助，以便分析孩子的学业成绩与未来职业选择之间的关系。

三、生涯社的发展

基于生涯调查问卷中家长关注的焦点话题，我们进行了深入研讨，确定从向内探索和向外探索两个方向推进生涯工作。

1. 向内探索

要做好生涯规划，就需要先了解自己。对孩子们来说，在了解自己的基础上还要发展个人能力。生涯社的向内探索涉及以下几个方面。

（1）开展多元活动，树立生涯观念。通过举办研讨会、讲座、沙龙和探索坊等活动，引导家长和孩子共同探寻某个领域是否契合孩子的自身兴趣。启发他们制定长远的教育和职业规划，避免过度聚焦短期目标，而是着眼于长期的职业发展和生活愿景。

（2）提供专业支持，助力自我探索。帮助家长科学理解生涯规划，认识其重要性，为家长提供专业工具和丰富资源用以指导孩子开展自我探索、了解自身特质、激发内在兴趣、发挥个人优势，为追逐梦想和未来职业生涯筑牢基础。

（3）加强社团合作，促进全面发展。积极与其他社团联合开展活动，鼓励家长参与清小鸭家庭成长社的课程、讲座和活动，关注青少年心理健康知识和孩子的心理状态；吸引家长和孩子一起加入水木清芬读书会，深度参与共读和讨论，促进亲子互动；动员家长和孩子参加跑团，在强身健体的同时缓解学习压力。通过各社团的相互融合、相互促进，实现协同发展。

（4）倡导终身学习，适应时代变化。大力倡导终身学习、终身成长的理念，鼓励家长和孩子持续学习、共同进步，增强自身的适应性和灵活性，从容应对不断变化的教育和职业环境。

2. 向外探索

职业选择在一定程度上决定着人生走向。要做出适合自己的职业选择需要了解社会、了解趋势、了解行业、了解需求。生涯社立志成为家长和孩子在生涯和职业发展道路上的坚实后盾和资源宝库。生涯社的向外探索涉及以下几个方面。

（1）建设讲师团队，丰富职业体验。通过持续招募家长志愿讲师和精心维护家长志愿讲师团资源库，为孩子们提供形式多样的行业分享讲座（如已成功举办的"行家开讲"）和职业体验活动（如已成功举办的"生涯探索坊"），助力他们探索多元的职业路径，深入了解各种职业的前景和要求，从而做出更符合自身兴趣和能力的生涯选择。

（2）搭建信息平台，实现资源共享。创建信息共享社群，让家长能够便捷地分享和获取与教育资源变动、职业发展趋势、行业动态等有关的信息，为孩子未来的职业选择提供极具价值的参考。

（3）筛选优质机构，提供专业支持。借助学校的资源与平台，严格遴选高质量的生涯规划顾问与机构，引导家长和孩子自主学习与探索，为孩子的未来发展保驾护航。

四、生涯社的现状

生涯社旨在启发并引导家长率先探索，树立长远的生涯观，成为引领孩子前行的灯塔。在生涯社的陪伴下，孩子能够更好地认识自己，进而做出正确的方向选择。如此一来，家长与孩子便不会只关注眼前的分数，而是在共同探讨中发现问题、思考问题、尝试解决问题，有效缓解焦虑情绪。目前，生涯社主要开展以下几项活动。

（1）生涯微课堂。借助学校的资源与平台，为家长和孩子提供系统学习生涯知识的便捷途径。

（2）"千职百态"小视频制作与分享。通过制作和分享小视频，展示不同职业的百态风貌，拓宽家长和孩子的职业视野。

（3）"百职分享"公开讲座。面向家长和学生举办"百职分享"公开讲座，邀请各行各业人士分享职业经验和见解。

（4）主题线下沙龙。针对不同主题开展线下沙龙活动，为家长和孩子提供深入交流和探讨的平台。

（5）"生涯探索坊"。招募各行各业资深职场家长在活动现场"摆摊"，与孩子们分享职场经历与经验，共同探索职业奥秘。

五、未来与展望

生涯社期望孩子们能够将个人梦想与市场需求、社会发展、国家命运紧密相连，成长为未来有责任、有担当、有情怀、有贡献的社会建设者，同时成为有生活情趣、有爱心、有智慧、有见识的自己。

生涯社案例一：
载人火箭女总设计师的"行家开讲"

在生涯社的一系列活动中，"行家开讲"是最受孩子们欢迎的活动，也是生涯社的重点活动。家委会依托清华附中这个平台，在热心家长中寻找合适的讲座资源，邀请行业内翘楚走进清华附中的校园，为孩子们讲述自己所在领域的历史沿革、现状、发展前景，自己所学专业的主要方向、涉及的学科、难点痛点，自己的职业生涯之路，以及自己的心路历程等。

生涯社对于"行家开讲"的行业领域选择、讲师招募、确定讲师人选、沟通演讲提纲、制作活动海报、吸引孩子们选听、组织线下讲座、安排答疑与反馈等，已经摸索出一套顺畅、有效的方式。它可以做到针对不同学部，根据学校和孩子们的需求，组织每月两次、每次四场的"行家开讲"活动。

在生涯社组织的五十余场"行家开讲"活动中，每一场都有自己的特色，都会有孩子在讲座结束后久久不肯离去，围着分享嘉宾，一个接一个地提问。有几个嘉宾曾经反馈，我们清华附中的孩子很有灵气，能够提出既深刻又引发思考的问题；有些嘉宾对孩子们的知识面和听课反馈表示惊叹，没想到中学生会有如此广博的知识积累，从而也勾起了嘉宾的兴趣，他们也会根据孩子们的反应做更深一步的输出和讲解。

在这么多次"行家开讲"的组办过程中，我们的感受是，嘉宾们都非常重视向孩子们分享的机会，为此都做了精心的准备，从选题、内容，到互动方式，再到当天的流程，会跟我们做多次细致、充分的沟通。有些从事涉密行业、职业的嘉宾，会提前很长时间向上级单位报备。在这些分享中让我们印象深刻的有很多，其中有一位嘉宾的分享，让我们尤为感动，这位嘉宾就是我国载人火箭的唯一女性总设计师——容易。

只要看一眼容易总设计师的简历，你就会被她艰苦卓绝的付出所感染。她是中国运载火箭技术研究院研究员、博士生导师、国际宇航科学院通讯院士、全国政协委员、全国妇联常务委员，享受国务院政府特殊津贴，曾荣获"中国科协求是杰出青年成果转化奖""全国三八红旗手""全国五一劳动奖章"等，任我国载人火箭总设计师。

容易总设计师在本次清华附中的"行家开讲"活动

中，给孩子们分享的是我国的载人航天工程及载人航天精神，包含载人航天工程系统组成、载人运载火箭研制特点、载人运载火箭技术创新和载人发射任务感受体会。在容易总设计师讲完她的工作，以及我国航天事业发展的新阶段及展望以后，孩子们提出了各式各样的问题："您在中学的学习就特别好吗？""是什么让您义无反顾地选择了航空航天领域？""设计火箭是不是超级困难？""您每天得工作多少个小时？""这个工作适合女生做吗？"……

容易总设计师总是轻轻一笑，然后非常温柔地逐个解答，并亲切地跟大家分享了她的职业生涯之路。她是一个地道的土家族孩子，老家在湖北恩施土家族苗族自治州。她从小就特别喜欢数学，儿时的梦想是以后成为一名数学老师。在 1997 年高考填写志愿的时候，她报了两所大学，一所是北京师范大学，另一所是中国人民解放军国防科技大学。因为后者是提前批录取，所以她当年就被后者录取了，并进入了航天技术系空间工程专业学习。经过 4 年的大学生涯，容易在 2001 年以第一名的成绩被保送清华大学工程力学系动力工程及工程热物理专业，攻读硕士、博士学位，专门研究有关气固两相流的课题。2006 年，她在博士毕业后进入中国运载火箭技术研究院从事博士后研究工作。2008 年 3 月，她从中国运载火箭技术研究院博士后站出站，留任中国运载火箭技术研究院总体设计部，成为一名火箭设计师。她对自己的总结是"干一行，爱一行"。

从此，中国少了一位数学老师，多了一位火箭设计师。有时，我们不得不感叹，命运的改变就在一次选择上，可能选择了一个专业或一种职业，就会有不一样的人生。

在讲述完自己的职业生涯选择之路之后，容易总设计师鼓励孩子们坚持追寻自己热爱的领域，虽然这条路可能很艰辛，但是越不容易的事情，成功后的成就感就越大。当被问到"当您在现场指挥发射，并且面对直播的时候，会紧张吗？"容易总设计师说："虽然我非常相信我的同事们，我们的每一个计算、每一个设计细节都是需要零失误的，我们做过无数次的校验，但面对现场指挥的时候，我还是会非常紧张。我们做的是载人火箭，我的'战友'对我们给予的是托付生命的信任。在火箭发射成功的瞬间，幸福感和成就感是无法名状的……"

相信通过这场近距离的接触，很多孩子们的心中会种下投身我国航空航天事业的种子，而这一颗颗种子，又可能会对他们的未来产生无限的影响。

生涯社案例二：

点亮职业探索之光

在科技浪潮奔涌向前、社会变革日新月异的今天，莘莘学子伫立在职业选择的"十字路口"，眼前是一幅前所未有的、多元路径交织的图景。传统行业，持续转型升级；新兴领域，蓬勃兴起。这一态势既为学生们铺就了广阔无垠的发展天地，也让他们在职业规划的征程中面临着巨大的挑战。

一、充分调研，精心筹备

为助力家长和学生从容应对复杂多变的职业环境，生涯社充分施展自身的组织协调能力，积极整合各方优质资源，严格筛选专业讲师。在经过全面而细致的斟酌考量之后，生涯社最终面向全校家长和学生，盛情举办了生涯社行家分享会。

活动前期，生涯社通过多种渠道与方式进行了精心筹备。一方面，组织开展了面向家长的小范围生涯分享沙龙。在轻松惬意的氛围里，家长们踊跃交流在为孩子进行职业规划时遭遇的困惑与问题，毫无保留地分享自己的经验与见解。另一方面，学生发展中心面向高中部学生开展了"行家开讲"活动，邀请各行各业的精英、翘楚走进校园，与学生们面对面倾心交流，让学生们对不同职业有了初步的认知与了解。借由这两个活动，生涯社积累了弥足珍贵的经验，筛选出适宜的内容与讲师。

在需求调研阶段，生涯社通过各年级学部及学校社团社群，广泛征求家长和学生的意见，了解到家长和学生对美术专业的关注度颇高，他们迫切希望深入了解美术专业的学习路径与就业前景。

二、现场分享，成效显著

生涯社依据在调研阶段了解到的家长和孩子的需求，特邀了两位美术领域的嘉宾。其中，一位是来自知名院校的资深专业教授，他于美术教育领域潜心耕耘多年，对设计创新有着鞭辟入里的深刻见解；另一位是制造行业的资深管理人员，其所在企业在智能制造领域独占鳌头，她对于美术生在智能制造企业中的职业发展有着独到的见解。两位嘉宾分别以"设计创新：塑造未来设计师的价值密码"和"美术生在智能制造企业中的职业探索"为题，从专业学习与就业出口两个维度，为热爱美术、学习美术甚至未来可能投身美术行业的学生呈

▶ "行家分享会"之设计创新：塑造未来设计师的价值密码

▶ "行家分享会"之美术生在智能制造企业中的职业探索

现一场极具价值的信息盛宴。教授通过展示琳琅满目的优秀设计作品和鲜活生动的实际案例，深入浅出地阐释了设计创新的理念与方法，让学生们了解到如何在学习美术的过程中培养创新思维与实践能力；管理人员则结合自身所在企业的实际状况，分享了美术生在智能制造企业中的职业发展路径与成功经验，让学生对未来的职业发展有了更为清晰的认识。在互动环节，家长和学生热情高涨，积极提问，与嘉宾展开了热烈的交流与探讨，现场气氛热烈非常。

生涯社行家分享会的圆满举办，为生涯社活动掀开了崭新的篇章。家委会成员，尤其是生涯社的家委会成员，凭借敏锐的洞察力，精准洞察家长和孩子的需求，挖掘到了合适的行家。从前期需求调研、嘉宾邀请、活动流程设计，到场地布置、宣传推广等每一个环节，家委会成员都一丝不苟、精益求精、步步为营，推动活动顺利开展并成功落地。

此次活动中的行家皆来自清华附中家长群体，他们或是在某一行业深耕多年，积累了深厚的经验与丰富的资源；或是把握时代机遇自主创业，凭借自身的智慧与勇气，铸就了辉煌的成就；又或是仍在为梦想拼搏奋进的奋斗者，他们的经历和见解，充满着正能量。他们以自己的亲身经历为学生打开了全新的视野，让学生深刻领悟到职业发展的多样性与无限可能，对学生的生涯规划具有重要的启迪意义。

此次分享会极大地拓展了学生对特定行业领域的认知，为其未来规划提供了丰富的素材与明确的方向。许多学生表示，此次分享会让他们深刻意识到，兴趣的实现需要付出更多切实的努力与持之以恒的坚持，他们的目标也变得愈发具体和清晰。他们不再仅仅停留在对美术热爱的层面，而是开始思索如何将兴趣转化为未来的职业，如何在学习过程中提升自己的专业能力与综合素质。

家长则更为深入地了解了行业职业发展趋势，以及如何在孩子的学习过程中引导其发展相关能力，以便在未来的职业选择中赢得更多机会。他们深知，在孩子的成长历程中，不仅要聚焦学业成绩，更要注重培养孩子的兴趣爱好和职业素养。家长们纷纷建言，希望学校和家委会能持续举办此类活动，为孩子创造更多接触不同行家的机会，让孩子在职业探索的道路上稳步前行。

三、总结经验，展望未来

此次活动结束后，家委会成员积极对此次活动进行复盘，总结出活动中的亮点，为未来活动积累经验。

1. 嘉宾资源优质，行业经验丰富

此次活动邀请了来自不同行业的精英翘楚，这些嘉宾不仅在各自的领域深耕多年，积累了深厚的经验和丰富的资源，还从专业和实践的角度为学生提供了极具价值的指导。他们来自美术、设计、智能制造等多个领域，为学生提供了多元化的视角，帮助学生了解不同行业的特点和发展趋势。

2. 内容设计丰富，形式多样

此次活动的内容不仅涵盖专业学习的路径和方法，还聚焦于未来的职业发展，从"设计创新"到"美术生的职业探索"，全方位满足家长和学生的需求。嘉宾通过展示优秀设计作品和实际案例，深入浅出地讲解专业知识，让学生在感性认知中理解抽象的理论，增强了学习的趣味性和实用性。

3. 互动性强，参与度高

此次活动设置了互动环节，家长和学生积极提问，与嘉宾展开热烈的交流与探讨。这种互动不仅激发了学生的学习兴趣，还帮助他们解决了实际问题。家长和学生对活动积极反馈，表示活动让他们对职业规划有了更清晰的认识，兴趣与目标也更加明确。

4. 活动组织专业，细节到位

家委会成员从前期的需求调研、嘉宾邀请，到活动流程设计、场地布置和宣传推广，每一个环节都一丝不苟，确保活动顺利开展。

5. 拓宽学生视野，启发职业规划

通过与行业专家的面对面交流，学生对不同职业有了初步的认知和了解，拓宽了职业视野。此次活动不仅让学生了解了美术专业的学习路径和就业前景，还启发他们思考如何将兴趣转化为未来的职业，为职业规划提供了明确的方向。

展望未来，生涯社将以此次活动作为新的起点，进一步深化与各行各业专家的紧密联系，持续丰富活动形式与内容，计划邀请更多不同领域的专家学者走进校园，开展系列讲座、职业体验、企业参观等活动。系列讲座活动将广泛涵盖多个热门行业和新兴领域，让学生们能够全方位了解不同职业的特点与发展前景；职业体验活动将让学生们亲身体验不同职业的工作内容与工作环境，增强他们对职业的感性认知；企业参观活动将带领学生们走进知名企业，深入了解企业的运营模式与发展脉络，在实践中拓宽视野，为未来的职业选择积累宝贵的经验。

生涯社案例三：

"千职百态" 分享活动

在当下社会，就业形势愈发复杂多元，新兴行业如雨后春笋般不断涌现，传统行业也在时代浪潮中持续革新。对于在不久的将来便要面临职业抉择的学生们而言，如何在琳琅满目的职业选项中寻得契合自身的方向，已然成为他们亟待攻克的重要难题。尽管行家分享会等形式满足了学生对职业认知的部分需求，但受限于场地、时间等因素，由此"千职百态"项目应运而生。此项目旨在搭建一座沟通的桥梁，让每个人都能利用 5 分钟讲述自己的职业，打破时间与空间的桎梏，充分挖掘家长团资源，并发挥其优势。

一、萌芽初绽：项目的发起与筹备

"千职百态"项目的发起，源自学校老师与家长的敏锐洞察。在开展生涯规划相关工作的进程中，他们深切地意识到，学生在进行职业选择时常常陷入迷茫的泥沼，这在很大程度上是因为学生对不同行业缺乏足够深入且全面的认知。现有的职业介绍资料往往过于理论化，或者因时代变迁而显得陈旧，难以让学生真切地感受到行业的风貌。于是，他们决心整合各方资源，借助家长的亲身经历与讲述，将各行各业的实际状况"原汁原味"地呈现给学生。

项目筹备伊始，团队成员便积极主动地联系各个行业的家长，满怀热忱地向他们介绍项目的深远意义与目标。但这一过程并不顺畅，诸多家长对参与项目持观望态度，担忧自身缺乏专业的表达能力，无法条理清晰地阐述行业特点。为了消除家长们的顾虑，项目团队精心组织了线上、线下多渠道的沟通交流活动，详尽地阐释项目的初衷与美好愿景，并为家长们提供了专业的拍摄技巧培训等支持。与此同时，项目团队精心制订了周全细致的项目计划，涵盖视频内容的框架构建、拍摄规范的明确及后期制作的流程等，确保项目能够按部就班、有条不紊地推进。

二、成长之路：项目的建设与推进

随着项目的逐步推进，越来越多富有爱心与责任感的家长表示愿意投身其中，"千职百态"项目由此步入实质性的实施阶段。家长们依据自身的时间安排，有条不紊地着手拍摄视频。他们有的充分利用业余时间，在自己熟悉的工作场所进行实地拍摄，让学生们能够直观地感受工作环境；有的则精心准备讲稿，在安静舒适的环境中认真录制讲解内容。在拍摄过程中，家长们充分发挥自身的创造力，采用了丰富多样的形式来展现行业特色。有的家长通过全方位展示工作现场，让学生们一目了然地了解工作内容；有的家长则分享自己跌宕起伏的职业发展历程，生动讲述在行业中遭遇的挑战与把握的机遇。

然而，在项目推进的过程中，不可避免地遭遇了一些问题。部分家长由于工作任务繁重，实在难以抽出时间完成拍摄任务；还有一些家长拍摄的视频在画质、音质或内容完整性方面存在欠缺。针对这些问题，项目团队迅速调整工作策略：一方面，与家长们保持密切且及时的沟通，依据他们的实际状况灵活调整拍摄计划，力求最大程度地满足家长们的需求；另一方面，安排专业人员针对家长们拍摄的视频进行耐心的指导与精心的后期处理，确保视频质量能够达到预期的高标准。

与此同时，项目团队积极与学校展开深度合作，共同商讨确定视频的发布渠道与推广方式，计划在学校的官方网站、社交媒体平台及校内的电子显示屏上开设"千职百态"专栏，定期发布家长们精心拍摄的视频。

▶"千职百态"短视频在学校大屏幕上滚动播出

此外，学校老师还组织了专门的职业指导课程，引导学生有序观看和深入讨论，同步开展职业生涯的教育与规划指引工作，助力学生更好地理解和吸收视频中的职业知识。

三、蓬勃发展：项目的现状与成效

经过一段时间的不懈努力，"千职百态"项目取得了显著的成果。目前，该项目已成功收集到来自不同行业领域的丰富视频，涵盖了信息技术、人工智能、智能制造、人力资源等诸多热门领域。这些视频在学校内部引发了学生们的广泛关注，吸引了众多家长和学生前来观看。

从学生们的反馈来看，"千职百态"项目犹如一盏明灯，为他们的职业选择照亮了前行的道路。许多学生表示，通过观看那些视频，他们对不同行业有了更为直观、深入的认识，不再像以往那般在职业选择的迷雾中徘徊迷茫。一些原本就对某个行业心怀向往的学生在观看视频后，对该行业的工作内容和发展前景有了更为清晰、明确的认知，从而更加坚定了自己的职业理想；而另一些学生则通过观看视频发现了一些自己此前从未了解的行业，极大地拓宽了职业视野，为未来的职业选择增添了更多可能性。

此外，"千职百态"项目也赢得了学校和社会的高度赞誉与认可。学校方面认为，该项目极大地丰富了学校的职业教育资源，为学生提供了更加多元丰富的学习内容，有力地推动了学校职业教育工作的发展。许多家长也对项目给予了高度评价，认为这是一种极具创新性也极有意义的教育方式，能够让学生提前接触和了解社会与行业，为未来的就业做好准备。

▌四、未来展望：项目的前景与发展方向

展望未来，"千职百态"项目拥有广阔的发展空间。随着社会的进步和行业的迭代更新，会有更多新兴的行业和职业涌现，这无疑为该项目提供了源源不断、取之

不尽的内容素材。项目团队计划进一步拓展视频的收集范围，不仅要涵盖更多的行业领域，还要深入、细致地挖掘每个行业内不同岗位的独特特点和具体要求，为学生提供更为详尽、全面的职业信息，助力他们做出更为精准、合适的职业选择。

在技术层面，项目团队将持续致力于优化视频的展示和传播方式，充分运用 AI 技术，依据学生的兴趣偏好和实际需求，为他们精准推送高质量的视频内容，实现个性化的职业教育服务。同时，项目团队计划开发互动功能，让学生在观看视频后能够与家长或行业专家进行实时在线交流，及时解答疑惑，构建一个互动性强、学习氛围浓厚的职业教育平台。

"千职百态"项目作为一个独具匠心的创新职业教育项目，通过汇聚各行各业家长的智慧结晶与宝贵经验，为在不远的将来便要踏上就业征程的学生们提供了弥足珍贵的职业参考。在未来的发展道路上，该项目将继续充分发挥自身优势，不断发展壮大，为更多学生的职业梦想插上腾飞的翅膀，成为连接学校、家庭和社会的坚固桥梁，为培养适应社会发展需求的高素质人才贡献力量，在职业教育领域绽放出更加绚烂夺目的光彩。

第四章

社团公益部

部门定位：
家校共育活动平台

一、社团公益部整体介绍

在清华附中家校共育的宏大画卷里，社团公益部不仅是一座沟通学校、家长与学生的坚固桥梁，更是一个充满爱与希望的精神家园。它以丰富多元的活动，为每一位参与者构筑起一个精神滋养与成长提升的温馨家园。社团公益部主要面向六个学部的家长，精心打造了一系列特色活动，现已逐步发展成生机勃勃的"一动两静"格局，为家长们提供了释放压力、培养兴趣、增进交流的平台，更在健康关怀与公益服务等领域积极作为，全面推动家校社协同育人理念的落地生根。在这里，每一项活动都如同精心播撒的种子，在时光的滋养下，绽放出绚丽多彩的花朵，为每一位参与者带来成长与感动。

社团公益部秉承家校共育理念，精心打造四大特色社团，为家长与学生搭建多元互动平台，赋能成长，凝聚温情。

相伴跑团提倡"亲子有方，运动有益"的理念，通过亲子晨跑、线上打卡、高德长跑大赛等活动，将体育锻炼与家庭教育深度融合，既强健体魄，又增进亲子默契，更以"含爸量"最高的社团著称，带动家校共育新风尚。

水木清芬书画社提倡"以书载道，融汇育人"的理念，以笔墨为媒，开设国画、书法课程，举办"穿越时空的书法之旅""迎春书画创作"等主题活动，让家长在艺术熏陶中修身养性，与孩子共绘传统之美，构建传承中华文化的精神家园。

观影社提倡"光影为媒，情感为链"的理念，精选人文佳作，组织沉浸式观影与深度交流活动，在光影世界中启迪思考，促进亲子心灵对话，拓宽视野并产生情感共鸣。

健康社依托近 200 名医生家长的专业力量，开展健康讲座、多科室联合义诊，精准服务师生健康需求，构建"家校社医"协同防线，以暖心行动守护校园福祉。

四大社团各具特色，分别以运动赋能、艺术润心、光影启迪、健康护航为核心，共同织就家校共育的温暖网络，为学生的全面发展与家庭幸福注入持久活力。

二、社团公益部未来展望

社团公益部已然成为家校共育的重要力量，但社团公益部发展的脚步不会停歇。未来，社团公益部将继续秉持初心，不断创新和拓展。在活动内容上，将进一步丰富和优化，更加贴近家长和学生的需求，开展更多具有针对性和吸引力的项目；在合作交流上，将加强与各方的合作，整合更多优质资源，为活动的开展提供更有力的支持；在影响力提升上，将通过多种渠道宣传其活动与成果，吸引更多的家长和学生参与到活动中，让更多的人感受到这份温暖与力量。

社团公益部就像一个充满爱的大家庭。在这里，每一个人都能收获成长，每一个活动都充满着温暖。它用行动诠释着家校共育的美好理念，为学生的全面发展、健康成长铺就了一条充满阳光的道路。相信在全体成员的共同努力下，社团公益部将继续绽放光彩，书写更加辉煌的篇章，为更多的人带来希望和力量。

社团四：

相伴跑团·运动赋能

清晨，当第一缕阳光还未完全穿透云层，城市还沉浸在一片静谧之中时，相伴跑团的成员们已经身着轻便的运动装，在西大操场集合。他们有的拉伸着身体，为即将开始的奔跑做准备；有的则相互交谈，分享着自己最近的生活趣事。随着一声清脆的哨响，大家纷纷迈开步伐，开始了充满活力的奔跑。傍晚，华灯初上，城市的霓虹灯闪烁，相伴跑团成员的身影又出现在公园的小径上。柔和的灯光洒在他们身上，映照着他们欢快的步伐和洋溢着笑容的脸庞。

相伴跑团不仅是一个运动者的集合，更是一个温暖的大家庭。该社团的家长们来自不同的行业、有着不同的背景，但因为对跑步的热爱而相聚在一起。在奔跑的过程中，他们互相鼓励，分享着生活的点滴，交流着育儿的心得，让跑步不再是孤独的坚持，而是一场充满乐趣与收获的心灵之旅。每一次奔跑都是对自我的挑战与超越，都能帮助家长释放工作与生活的压力。相伴跑团就像一束光，照亮了家长们的生活，让他们以更加积极的姿态面对生活的挑战，同时也为孩子们树立了坚持运动、健康生活的榜样。

作为家校共育的重要实践项目，相伴跑团始终以"执子之手，与子同跑"为理念，致力于通过跑步活动促进亲子关系，增强学生的体质和健康意识，同时推动家校合作共育的发展。

一、源起与使命：洞察需求，应运而生

相伴跑团的成立源于家委会对家长和学生需求的深入了解。家长对于健康的生活方式及增进与孩子互动的需求日益增强，同时也契合了学校强化学生身心素质培育的战略目标。在此背景下，家委会提出建立家校体育社群，号召家长陪着孩子参加体育运动，一起收获健康和亲情，相伴跑团孕育而生。

相伴跑团自成立伊始便迅速赢得学校领导、师生及广大家长的广泛支持和积极参与。相伴跑团的活动不仅限于校内，还通过线上、线下相结合的方式，吸引了更多家庭的参与。相伴跑团的活动形式多样，包括定期的亲子跑步活动、线上打卡、跑步技巧培训、健康讲座等，

旨在为各个家庭提供一个共同锻炼、相互陪伴的平台。相伴跑团不仅关注跑步本身，更注重通过跑步活动传递积极向上的生活态度和价值观。在相伴跑团的活动中，家长和孩子一起跑步、一起流汗、一起克服困难，相互鼓励，增进了亲子之间的默契和感情。同时，相伴跑团的活动促进了不同年级、不同家庭之间的交流和互动，增强了年级间的黏合度。相伴跑团的活动让家长们意识到高质量陪伴的重要性，也让孩子们感受到父母的关爱和支持。通过相伴跑团，清华附中家校共育的理念得到了生动的实践和体现。

二、架构与运行：协同联动，高效运转

相伴跑团的架构明晰、分工精细。家委会作为社团的主导机构，负责整体规划和统筹协调。相伴跑团团长一职最初由家委会成员担任，后续则由兼具跑团建设经验、对跑步充满热忱且擅长组织活动的家长接手。团长主要负责相伴跑团日常活动的策划、组织与管理工作，在推动相伴跑团持续发展、保障活动顺利开展等方面发挥着核心作用。此外，相伴跑团还设有涵盖组织策划、宣传推广、后勤支撑等关键领域的专项工作组，依托完善的家长志愿者招募管理机制广纳贤才。而且随着队伍的不断发展壮大，相伴跑团的活动内容拓展到更大的体

育活动范围，包括户外徒步、骑行等。这些多元化的活动进一步丰富了相伴跑团的外延，带动了不同兴趣爱好的家长和学生的活动热情。这些活动都由擅长组织和充满热情的家长来牵头。各志愿者依凭专长，高效协作，从活动策划时的精心构思，到宣传推广时的广泛传播，从后勤保障中的坚实后盾，到现场执行时的精准实施，确保活动各环节无缝对接、高效推进。

在运行机制上，相伴跑团与学校紧密携手、深度融合。相伴跑团与学生发展中心携手，将社团活动纳入学校的综合素质培养体系，为学生提供参与体育锻炼、提升社交能力的正式平台；与体育教研组深度合作，邀请专业体育教师担任技术指导，同时利用家长资源邀请校外专业人士进行指导。相伴跑团还通过设定固定活动日，助力参与家庭养成跑步习惯。活动策划组的分工精细，专业指导、医护保障、摄影记录等环节均有专业家长志愿者保驾护航，构建起全方位、多层次的运行网络。

三、特色与亮点：体教融合，闪耀光芒

相伴跑团的特色在于将体育锻炼与家校共育深度融合。相伴跑团依据学生身心特质与季节更迭，结合家长和学生的体能状况，匠心打造多元活动，活动路线规划

兼顾环境与挑战，主题设计贴合学生兴趣与成长需求。跑团会精心设计每一次活动的主题和流程，如线下亲子跑、线上打卡挑战、亲子运动会等，同时平衡运动的科学性、安全性、趣味性、参与性。志愿者团队在活动中各司其职、各尽其责，起点处的志愿者负责组织签到、分发物资，确保活动准时有序开始；终点处的志愿者为跑完步的家庭提供补给和鼓励，记录成绩并引导拉伸放松；视频拍摄人员则用镜头捕捉活动中的精彩瞬间，定格亲子成长足迹，为参与家庭留下珍贵的回忆。

相伴跑团亮点纷呈，家长的高度参与尤其瞩目。其中，爸爸群体深度融入，由此相伴跑团被称为"含爸量"最高的社团。爸爸们像关注自己的事业一样关注和陪伴孩子们的成长。这种高参与度不仅增进了亲子关系，也提升了家庭的健康水平。同时，活动的专业性和科学性全方位地保障了活动的专业品质、彰显了相伴跑团的独特优势，为家长和学生提供了科学的跑步训练方法、运动损伤预防及康复建议。

四、成果与展望：成效斐然，未来可期

相伴跑团自成立以来，从最初的小规模试点活动，吸引了数十个家庭热情参与，到如今已成为涵盖六个年

级、上千个家庭的大型社团组织。活动形式日益丰富、迭代升级，每一次创新与拓展都为社团注入了新的活力，使其在清华附中的校园内外产生了广泛而积极的影响。相伴跑团对家庭和学校都产生了积极而深远的影响。在家庭层面，它让亲子关系更加亲密无间，原本因忙碌而与孩子有些疏远的父母，在共同跑步的过程中与孩子分享生活的点滴、倾听孩子的心声，亲子之间原本因学习压力和电子产品而产生的隔阂逐渐消融，孩子变得更加开朗自信，家庭氛围愈发和谐。在学校层面，它带动了校园体育文化的发展，让更多学生开始热爱运动，提升了学校的活力与凝聚力。

展望未来，相伴跑团将秉持初心、砥砺奋进，持续创新活动形式、拓展内容边界，吸引更多家庭加入其中，全力打造清华附中家校共育的金色名片，为孩子健康成长与家庭幸福助力续航。

跑团案例一：

国庆献礼，跑步中的成长力量

在2024年的金秋十月，相伴跑团于清华校园内成功举办了一场规模宏大、意义深远的创意跑步活动，以独特方式庆祝新中国成立75周年，在校园中掀起了一股运动与爱国的热潮。

▌一、创意构思：历史、梦想与爱国情怀的交融

此次活动的路线设计独具匠心，全程4.75千米，起点位于清华附中送学车辆指示牌处，这里承载着无数学子的求学记忆，象征着知识探索之旅的启航。跑者们沿着精心规划的路径，途经国立西南联合大学"刚毅坚卓"纪念碑，感受历史的厚重与精神的传承，这激励着每一位参与者铭记先辈的坚韧，传承清华的家国情怀与高尚品德；行至东大操场"无体育，不清华"的标志处，鲜明的标语彰显着清华与清华附中一脉相承、源远流长的体育文化传统，时刻提醒着众人体育在校园精神中的

核心地位；最终抵达紫荆操场，"紫荆花开，奋勇向前"的寓意为整个跑步征程画上充满希望与力量的句号。尤为巧妙的是，全体选手在东大操场绕场一周，与数字"75"相呼应，总里程恰好达到 4750 米，其中"4"的英文与"for"同音，寓意深刻，既代表着为庆祝新中国成立 75 周年而奔跑，又寄托着清华附中学子对高考取得优异成绩、迈向人生新高度的热切期望，将爱国之情与个人奋斗紧密相连。

二、组织实施：高效协作与精心筹备的保障

此次活动的成功举办离不开相关人员严谨的组织与筹备。在活动筹备的关键阶段，家委会、相伴跑团骨干成员及志愿者团队齐心协力、全力以赴。他们充分利用国庆假期的宝贵休息时间，深入清华校园进行全方位、细致入微的踩点与精心彩排，对活动流程的每一个环节反复斟酌、优化完善，确保活动当天万无一失。从活动现场的组织安排到物资准备，从人员调配到安全保障，每一项工作都有条不紊地推进，为活动的顺利开展奠定了坚实的基础。

志愿者团队则是活动顺利推进的关键力量。点位志愿者早早地在各个打卡点就位，热身环节由志愿者引

领，他们帮助选手们做好充分的身体准备。随着学生发展中心副主任一声清脆的发令枪响，不同年龄的参与者们如离弦之箭般出发。分组出发时，不同配速组配备的志愿者精准把控节奏，确保每位参与者都能在适合自己的节奏中前行。点位志愿者在打卡点的坚守、摄影志愿者的全程跟拍、医疗志愿者的贴心守护，志愿者从各个方面为活动提供了坚实的保障，使整个活动在有序、安全、热烈的氛围中进行。

三、参与热情：全龄参与，家庭凝聚力的彰显

此次活动吸引了近 400 名清华附中学子及家人的热情参与，远超预期的报名人数，彰显了大家对活动的高度认可与积极热情。活动当天，清华附中白雪峰副校长亲临现场并发表赛前寄语，激励学子与家长秉持清华精

神，在跑步中展现坚韧品质，涵养家国情怀，通过运动强健体魄，以实际行动为祖国的繁荣昌盛贡献力量。他的话语间满是对大家的殷切期望与深深祝福，为活动增添了重要的支持与鼓励。

活动现场的参与热情高涨，参与者的年龄跨度极大，从天真稚嫩的七八岁孩童到精神矍铄的 74 岁老人，共同构成了这道充满活力与温情的风景线。在跑步过程中，亲子间相互扶持、彼此鼓励的场景随处可见。当孩子们体力不支时，家长们讲述自己的奋斗经历，给予孩子们精神上的支撑，帮助他们克服困难、坚持到底；而当家长们略显疲惫时，孩子们充满活力的身影和坚定的眼神则成为家长们继续前行的力量源泉，他们携手共进，共同完成这一充满意义的跑步之旅。周围的观众也被这热烈的氛围感染，纷纷送上掌声与加油声，"加油！""坚持住！"的呼喊声此起彼伏，回荡在校园的每一个角落，整个校园充满了积极向上的正能量。

在终点处，完成跑步的家庭满怀喜悦与自豪。相伴跑团为每一位参与者精心准备了完赛证书，证书上不仅印有活动的纪念标志，还有副校长的亲笔签名，这使得证书更具纪念意义与价值。体育老师们亲自为大家颁发证书，他们在将证书递到每一位参与者手中时，都送上真诚的祝贺与鼓励。这些让大家充分感受到了学校对此次活动的尊重与认可，以及对参与者努力付出的高度肯定。这份证书不仅是对完成跑步的证明，更是参与者在此次活动中收获成长与荣誉的象征，成为他们人生中一段难忘经历的珍贵纪念。

四、活动影响：引领更多人追寻健康、凝聚亲情、涵养家国情怀

此次活动让家长们在活动中见证了孩子们克服困难的过程，孩子们感受到父母的陪伴与支持，家庭氛围愈发和谐温馨，亲情在汗水中得以升华。

三四百人规模的活动无一人掉队，创造了相伴跑团的活动纪录，激发了学生的运动热情，提升了学校的活力与凝聚力。众多家长在活动中感受到学校的组织力与凝聚力，增强了对学校的认同感与归属感，有利于学校教育教学工作获得更好的家校合作氛围。此次活动绝非一场普通的体育活动，而是一次深度凝聚亲情、传承校园文化、弘扬爱国精神的盛大聚会。

通过这次活动，参与家庭的亲子关系得到了进一步的深化与巩固，家庭成员之间的默契与情感在共同的努力与奋斗中实现了质的升华；学校的体育文化氛围愈发浓厚，学生们对体育精神的理解与感悟达到了新的高

度，极大地激发了他们积极参与体育运动的热情与动力。同时，此次活动向社会展示了清华附中家庭积极向上、团结奋进的精神风貌，传递出强烈的爱国情怀与正能量，在校园内外产生了广泛而积极的影响，成为清华附中教育实践与家校共育的又一成功典范，为学校的发展历程增添了璀璨的光彩，激励着更多人在未来的日子里积极投身于体育锻炼与家国建设之中。

跑团案例二：

参与高德长跑大赛，打造向心力

相较于一年多次的相伴跑团线下活动，相伴跑团线上活动同样精彩纷呈。线上活动一般时间跨度很大，参与人员众多，往往更考验组织者的协调能力。一个有规模的线上活动往往需要组织者投入更多的精心设计和过程管理。近两年来，相伴跑团最成功的线上活动就是连续参与了两期高德地图平台的长跑大赛，相伴跑团凭借出色的团队协作能力与不懈的努力，收获了令人瞩目的成绩与宝贵的成长。

一、活动缘起：抱着锻炼与学习的心态

高德地图是中国领先的数字地图内容、导航和位置服务解决方案提供商，是国内十大移动应用之一。该公司在 2023 年正式进军跑步运动领域，为拓展用户群体，于 2023 年 11 月发起第一期长跑大赛。以参赛团队在半个月内的累计跑量为评比标准，并为排名前列的团队提

供定制跑服，作为奖励。

相伴跑团之前从未参与过与其他跑步团队横向竞争的比赛，此次参赛对跑团而言意味着一系列的挑战：能否发动尽可能多的参赛队友？如何让参赛队友在竞赛期间多跑里程？如何组织、协调、管控、监督线上打卡？成绩如果不理想，是否会打击相伴跑团成员的士气？而最大的挑战则是天气，北京的 11 月已经冷了。

虽然有以上诸多挑战，但是出于锻炼团队和发展队伍的初心，经过团长和家委会的商议，抱着向其他著名团队学习的心态，相伴跑团决定正式踏上高德长跑大赛的赛场。

二、组织实施：有效布局，造就激情

这一赛事是全国性的，跑步圈各知名团队纷纷参与此项赛事，相伴跑团面对激烈的竞争，积极准备了各种应对措施，包括但不限于以下几项。

（1）在相伴跑团各个群中，安排了专门的志愿者转发加入赛事的链接和指引。

（2）通过家委会渠道，利用各年级大群发动更多的人参与赛事。

（3）组织在清华大学西操场和奥林匹克森林公园的线下聚跑活动。

应用以上策略后，相伴跑团成员踊跃报名，参与赛事的队友超过 150 名，大家开始积极训练，线下聚跑活动最多时能有几十人。队友们利用平日晚上或周末时间，在操场、公园等地挥洒汗水。凭借着坚定的信念和强大的团队凝聚力，相伴跑团在众多参赛队伍中脱颖而出，最终斩获第 17 名的佳绩，赢得 100 件定制版跑服的奖励。相伴跑团将赛事赢得的定制跑服作为成立以来的首款专属跑服发放给了队友。

这次比赛不仅让相伴跑团在跑步圈崭露头角，更让成员们深刻体会到团队合作的重要性，为后续活动奠定了坚实基础。

2024 年暑期（7—8 月），第二期高德长跑大赛火热开启。此次比赛的规则发生了变化，重点较量参赛团队在活动期内的累计跑步次数，次数多者占优。第二期比赛历时更长，持续了整整两个月。

相比之下，第一期比拼的是累计跑量，赛事规则对跑量大的专业跑步社团来说更有利；而第二期比拼的是累计跑步次数，赛事规则对亲子跑团来说更有利。相伴跑团迅速响应，并根据赛事规则在第一期赛事的策略基础上进行了追加调整并精心布局。

（1）设立三个分团与总团一同参赛，并且在各个分团建立了管理团队。

（2）因为这一赛季恰好在暑假期间，所以要求尽量亲子同跑。

（3）积极鼓励刚刚加入清华附中的初 24 级新生及其家庭加入此次活动，为相伴跑团注入新鲜血液。

最终在第二期赛事中，相伴跑团共有 340 多人参赛，较之上一期人数翻了一番还多。大家摩拳擦掌，力争要超过上一期的成绩。

在为期两个月的漫长赛程里，相伴跑团内部充盈着互动带来的活力。队友们在群里积极交流跑步心得，分享训练日常，自觉打卡记录跑步次数，形成了相互鼓励、相互促进的良好风气。各分团之间也在良性竞争中互相比拼，努力争先。相伴跑团每周五会将赛事平台方的数据公布给参赛队友，总团和各分团的名次每周不断上升，点燃了团队的激情。

从根据比赛规则制订科学的训练计划，到合理协调各分团及成员的参赛安排，再到及时处理比赛中出现的各种问题，每一个环节都极大地考验着组织团队的能力，促使组织团队成员不断成长与进步。组织团队在活动期间得到了全方位的锻炼，不断扩大并优化，最终达到了 20 人。在相伴跑团内，大家分工明确、各司其职，促使参赛团队的成绩一路上扬。

辛勤的付出终获丰硕回报。相伴跑团在第二期赛事中成绩斐然，总团一举夺得第一名的桂冠，各分团也表现不俗，均位列前十名，其中相伴 2024 跑团（新生分团）斩获第四名的好成绩。

在第二期赛事中，相伴跑团收获了 200 件定制跑服的奖励。这一奖励在上一期的基础上翻了一番。

排行榜 活动期间每周五更新

清华校友跑协	清华附中相伴跑团	北京医院跑团
6896次	9985次	6844次

4	相伴2024跑团	6524次
5	北京黄城根跑团	5973次
6	相伴初中跑团	5644次
7	相伴高中跑团	5188次
8	郡酷跑团	4894次
9	17run团	3397次
10	来约跑吧运动联盟跑团	3390次
11	THU 8字班	3133次
12	梦东方跑团	3032次
13	温榆河跑团	2928次
14	兄弟连跑团	2740次
15	THU 3字班	2474次
16	THU 4字班	2365次
17	一起爆汗	2222次
18	跑局	2203次
19	高德娱乐跑	2194次
20	北京丰台科怡跑团	2183次

◀ 2024 年高德跑团 PK 赢团服活动排名

三、活动影响：比赛造就团队，成绩鼓舞斗志，同跑升华亲情

耀眼的名次一举让相伴跑团成为跑步圈的"名团"。相伴跑团不仅是家委会各社团中亮眼的社团，更通过两

次的线上比赛成了各跑步社团里的翘楚。

回顾这两次线上比赛，其影响远超成绩本身。两次活动极大地提升了相伴跑团骨干成员间的协作能力，在反复的磨合与沟通中，他们配合愈发默契，工作开展更加高效。相伴跑团队友间的凝聚力也显著增强，大家为共同目标并肩作战、全力拼搏，彼此间的信任与支持达到新高度。尤为重要的是，亲子同跑的模式让参赛家庭成员的关系更加亲密。参赛家庭的成员在训练、参赛的过程中交流互动日益增多，家庭氛围愈发和谐温馨。

展望未来，相伴跑团将继续坚守初心，积极投身各类跑步活动，持续强化团队建设，提升团队整体实力，为相伴跑团成员创造更多成长与进步的机会，也为推广亲子运动、促进家庭和谐贡献更多力量。

社团五：

水木清芬书画社·艺术润心

对热爱艺术的家长们来说，国画班、书法班的开设为家长们提供了一片艺术的乐土。"水木清芬"书画社秉持着传承中华优秀传统文化的理念，邀请专业的书画老师授课，从书法的横、竖、撇、捺，到国画的笔墨韵味，从基础技巧的讲解到艺术创作的灵感启发，老师们深入浅出、耐心指导。

家长们在书画的世界里潜心钻研，一笔一画书写心境，一勾一勒描绘生活。在这里，他们不仅提升了书画技艺，更在墨香与色彩的交融中寻得了内心的宁静与平和。一幅幅精美的书画作品不仅是家长们学习成果的展示，更是他们在艺术道路上不断探索的见证。水木清芬书画社让家长们在忙碌的生活中找到了一方可以修身养性、陶冶情操的精神家园，有效缓解了他们因关注孩子成绩而产生的焦虑情绪。

一、艺术殿堂的诞生

在清华附中的校园里，有一处充满诗意与温情的角落——水木清芬书画社，在家校共育的星空中散发着独特的魅力。这方小小的天地承载着家长们对艺术的热爱、对亲子关系的期许，更凝聚着家校携手为孩子成长助力的深厚情谊。

水木清芬书画社的诞生是教育理念更新下的美好结晶。在当今时代，家校共育已成为现代教育的重要支柱，家委会积极探寻家校合作的新路径，深知家长在孩子的成长旅程中扮演着举足轻重的角色，而书画艺术作为中华优秀传统文化的瑰宝，不仅能陶冶情操、提升审美，还能培养耐心、专注力与创造力。水木清芬书画社在这样的背景下应运而生。希望家长们能借此机会重新走进校园，与孩子一同沉浸在艺术的海洋，在墨香与色彩中增进亲子间的情感。同时，水木清芬书画社作为家委会为家长们打造了一个放松身心、交流学习的温馨空间，可以让中华优秀传统文化得以传承和弘扬。

踏入水木清芬书画社的活动场地——清华附中华茂楼的书法教室，仿佛踏入了一个艺术的小世界。在这里，空气中弥漫着淡淡的墨香，洁白的宣纸整齐地摆放着，毛笔安静地悬挂在笔架上，仿佛在等待着家长们赋予它们灵动的生命。每学期开学，新一期的课程开启，家长们怀揣着期待与热情走进教室。他们中，有的是初次接触书画的零基础爱好者，眼中满是好奇与紧张；有的则是稍有基础，渴望在书画领域更上一层楼的"进阶者"，眼中透着坚定与执着。

二、多元艺术课程体系解析

水木清芬书画社的课程丰富多样，犹如一场艺术的盛宴。书法课程犹如带领家长们穿越历史长河的时光列车，老师们从书法的起源讲起，那古老的甲骨文、金文在老师的讲述中仿佛有了生命，生动地展现出汉字书法的发展脉络。对于毛笔握笔姿势的讲解，老师们会亲自示范，握住家长们的手，让他们感受正确握笔时手部的力度与角度。在老师们对基本笔画的讲解中，一撇一捺都蕴含着无尽的学问：这一撇，像燕子轻掠水面，轻盈而有力；这一捺，恰似骏马奋蹄，沉稳且豪迈。家长们认真地模仿着，一笔一画地书写，力求掌握书法的精髓。间架结构的搭配原则更是让家长们领略到书法的布局之美，设计让每个字在纸面上和谐共处，如同安排一场精彩的舞蹈，每个动作都要恰到好处。

绘画课程同样精彩纷呈。国画课上，家长们沉浸在笔墨的韵味中。老师拿起毛笔，演示中锋、侧锋、逆锋的运用：中锋用笔，线条圆润饱满，如同人的脊梁，挺直而有力量；侧锋则能营造出丰富的变化，像山峦的起伏，错落有致；逆锋更具韵味，好似逆水行舟，充满挑战与惊喜。墨分五色的奇妙表现方法让家长们惊叹不已，浓墨的厚重、淡墨的空灵在笔下交织出一幅幅诗意的画卷。家长们在临摹经典国画作品时，仿佛穿越时空与古代文人对话，能够体会诗书画印融为一体的独特魅力。

三、专业师资与个性化教学模式

为了确保教学质量，水木清芬书画社邀请的都是专业的书画老师。这些老师不仅拥有扎实的专业知识和丰富的教学经验，更对家校共育有着深刻的理解。他们在教学过程中充分尊重每一位家长的差异，因材施教。对于零基础的家长，老师们会给予更多的鼓励和耐心，从最基础的知识和技能教起。对于每一个笔画、每一个调色步骤，老师们都会反复示范、耐心指导，帮助这些家长培养对书画艺术的兴趣和信心。而对于有一定基础的家长，老师们则会提出更具挑战性的要求，如书法作品的创作、绘画风格的探索等，鼓励他们突破自我，不断提升艺术水平。

四、双向成长的惊喜

经过一段时间的学习和实践，家长们在水木清芬书画社取得了令人瞩目的成果。许多家长从最初对书画艺术的一无所知，到后来能够熟练地书写书法作品、创作出精美的绘画作品，艺术水平得到了大幅度的提升。更重要的是，书画艺术成了他们生活中不可或缺的一部分。在繁忙的工作之余，他们会拿起画笔或毛笔，沉浸在书画的世界里，忘却一切烦恼与疲惫，享受那份宁静与美好。

水木清芬书画社的存在对孩子们也产生了积极而深远的影响。孩子们看到家长们对书画艺术的热爱和执着追求，受到了潜移默化的感染和激励。许多孩子在家长的带动下，也对书画艺术产生了浓厚的兴趣，主动学习书画。在家里，家长和孩子会一起探讨艺术问题，分享创作心得。家长和孩子在艺术领域的共同成长不仅增进了亲子关系，还为孩子的全面发展奠定了坚实的基础。孩子从家长身上学到了坚持和努力，家长也从孩子身上感受到了纯真和创造力，这种相互的影响和促进让家庭愈发温馨与和谐。

五、成果与展望

水木清芬书画社的成功组建进一步推动了清华附中家校共育工作的深化。通过水木清芬书画社这个平台，家长们更加深入地了解了学校的教育理念和文化氛围，增强了对学校的认同感和归属感。水木清芬书画社成了家校之间沟通的桥梁和纽带，促进了家校之间的相互理解、相互支持和相互配合，形成了强大的教育合力，共同为孩子的成长创造了更加良好的环境。

在这充满墨香与温情的水木清芬书画社里，家长们用笔墨书写着对生活的热爱，用色彩描绘着美好的未来。每一笔、每一画、每一抹色彩都饱含着他们的情感与梦想。这里不仅是学习书画的场所，更是心灵的栖息地、家校共育的艺术殿堂。相信在学校、家长和老师的共同努力下，水木清芬书画社将绽放出更加绚烂的光彩，为传承和弘扬中华优秀传统文化，培养德、智、体、美、劳全面发展的时代新人贡献更多的力量，书写出更加美好的篇章。

书画社案例一：

穿越时空的书法之旅

最美人间四月天，春风含笑柳如烟。在这生机勃勃、充满希望与诗意的季节，水木清芬书画社精心策划并成功举办了一场别开生面的"穿越时空的书法之旅"。此次活动以"美美与共，向美而行"为宗旨，引领社团成员们深入领略中国传统书法的博大精深与独特魅力，为他们带来了一场震撼心灵的文化盛宴。

书法，作为书写的艺术，一撇一捺一点一折无不蕴含着中国传统的气质与内涵。它是中华民族智慧的结晶，是文化传承的重要载体。而中国传统服饰同样承载着丰富的文化内涵和独特的审美价值，不管是婉约的旗袍、华丽的唐装，还是端庄飘逸的汉服，都有其精美的图案、优雅的款式，与书法的线条之美相得益彰。在此次活动中，二者的完美结合真正实现了"美美与共，向美而行"的宗旨。

2024 年 4 月 20 日是一个阳光明媚的日子，水木清芬书画社"穿越时空的书法之旅"中期展示活动在社团成员的期待中盛大启动。活动现场布置得古色古香，洋溢着浓厚的文化氛围。社团成员纷纷身着美丽的中式服装，精心打扮，宛如古时的才子、才女，这一场景瞬间将人们的思绪带回到了充满诗意与风雅的古代。社团成员怀揣着对书法艺术的敬仰和热爱，踏入了这场充满神秘与惊喜的书法之旅。

活动伊始，社团成员挥毫泼墨，热火朝天地进行书法创作。从蚕头雁尾的隶书到端庄妍美的楷书，从飘逸的行书到奔放的草书，每一种字体都承载着特定的历史背景和文化内涵。社团成员认真地起笔、行笔和收笔，在中锋、侧锋中体会节奏变化，仿佛穿越时空，与古代的书法家们进行着心灵的对话，手中的笔就是他们连接古今的桥梁。

随后的交流分享环节更是将活动推向了高潮。现场的古琴声音色低沉、余音悠长，如潺潺流水般萦绕在每个人的耳畔，营造出一种宁静而高雅的氛围。社团成员围坐在一起，分享着自己在书法学习过程中的心得与感悟。有的讲述了自己如何在一撇一捺中领悟到人生的哲理，有的则分享了通过书法练习培养出的耐心和专注力对生活的积极影响，还有的分享了学习书法后与孩子的亲子时光趣事。

一位家长说道："书法社的家长们穿着优雅的中式服装，听着禅意古琴，在学校和家委会为家长学员营造的环境和氛围里学习书法，从内到外浸染在书法的意境中，可以暂时远离喧嚣浮躁，沉淀自我，修身养性。"另一位家长则感慨："书法之美和服饰之美相结合，美上加美！活动当天，大家穿着中式服装，让人眼睛一亮，仿佛第一次见面似的，格外年轻美丽。我们写书法、照相，互相交流，心情愉悦，增加了彼此的亲近感，时间在笑声中飞逝。"

此次"穿越时空的书法之旅"不仅是一次艺术的探索，更是一次心灵的修行。社团成员在活动中不仅提升了书法技艺，更深刻地感受到了传统文化的魅力和力量。他们在忙碌的生活中找到了一片宁静的港湾，让心灵得到了滋养和慰藉。

◀ 书法活动合影

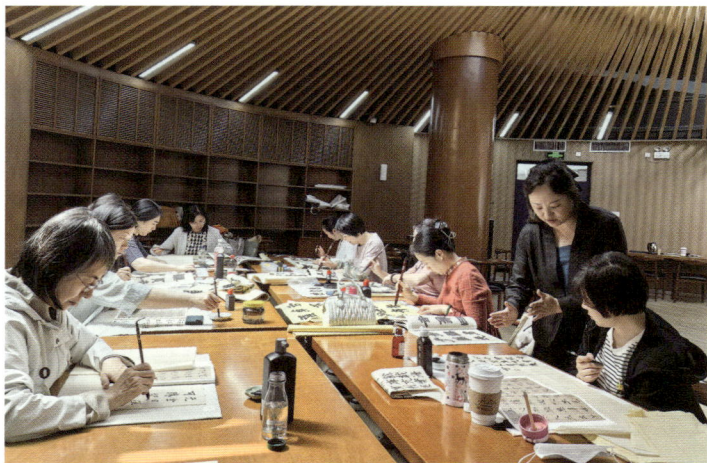

▶ 书法活动现场

　　活动虽已落幕，但水木清芬书画社追求美的脚步永不停歇。未来，水木清芬书画社将继续秉持"美美与共，向美而行"的宗旨，举办更多丰富多彩、富有创意的活动。该社团还会通过不断地探索和创新，为社团成员提供更多学习和交流的平台，让更多人领略到中国传统文化的博大精深，为传承和弘扬中华优秀传统文化贡献更多的力量。相信在水木清芬书画社的不懈努力下，将会有越来越多的人走进书法的世界，感受其独特的魅力，共同书写越来越好的未来篇章。

书画社案例二：

迎春活动纪实

在乙巳年春节来临之前那充满希望与喜悦的日子里，水木清芬书画社的成员们齐聚一堂，以笔为媒，以墨为彩，开展了一场别开生面的春节活动，用书画艺术传递着对新年的美好期许。

一、传递新春祝福

水木清芬书画社一直秉持着传承与弘扬传统文化的使命，在春节这个中华民族最为重要的传统节日来临之际，成员们怀着满腔热忱投身书画创作。大家深知，每一副对联、每一张福字、每一幅画作都承载着深厚的文化内涵，蕴含着对亲朋好友最真挚的新春祝福。成员们希望借由一副副对仗工整、寓意吉祥的对联和一张张笔锋刚劲的福字为家庭带来新岁的蓬勃朝气与最好的祝福，也希望用精心绘制的山水画卷、花草图景、瑞兽硕果将自然之美与生活之盼融入其中，将新春的喜悦与祝福传递到每一个角落，让更多人感受到传统文化的魅力与温暖。

二、共享创作乐趣

　　水木清芬书画社是一个充满活力与凝聚力的集体，成员们因共同的兴趣爱好聚集一堂。在此次春节活动中，充满墨香的团队氛围让成员们拥有强烈的归属感。活动现场，大家热情高涨，积极交流书画心得，分享灵感源泉。在创作过程中，大家共同参与到对联内容的构思、福字样式的设计及画作主题的探讨中。每当一副精美的对联初稿完成，或者是一幅生动的画作初见雏形，成员们都会围聚在一起热烈地讨论并提出修改建议，这种共创的过程极大地增强了每个人的参与感和成就感。每一件作品都像是大家共同孕育的结晶，饱含着集体的智慧与情感。

▶ 亲子共书春联的现场

三、提升艺术素养

此次春节活动对水木清芬书画社的成员们而言，不仅是一次创作实践，更是一个提升自我、实现成长的宝贵契机。在创作对联时，成员们仔细研究诗词格律，精心雕琢每一个字词，力求在平仄对仗间展现文字之美。为了写好一个福字，大家反复练习不同字体的笔法，从楷书的端庄规整到行书的流畅灵动，不断探索福字的多样表现形式。在绘画创作中，无论是描绘山水的气势磅礴，还是刻画花草的细腻婉约，成员们都需要运用不同的绘画技巧，如笔墨的干湿浓淡、线条的疏密粗细等。通过不断地尝试与实践，成员们的书法与绘画技艺得到了显著提升。

在与其他成员的交流合作中，大家相互学习、相互启发。经验丰富的成员毫无保留地分享自己的创作经验和技巧，新成员则积极汲取知识并大胆提出自己的想法。这种互动式的学习氛围让每一位成员都能在自己擅长的领域发挥优势，在薄弱环节得到提升，实现全方位的成长与进步。成员们在创作中不断突破自我，逐渐形成了更加独特的艺术风格，对书画艺术的理解也更加深刻。

四、促进亲子关系

水木清芬书画社的春节活动取得了圆满成功，收获了广泛的认可与赞誉。学校方面对此次活动给予了高度肯定，赞扬水木清芬书画社举办这样的活动，不仅丰富了校园文化生活，传承了中华优秀传统文化，还为家长们提供了一个展现才艺、增进交流的平台，对家校共育起到了积极的推动作用。

通过成员们的分享得知，孩子们也对家长们在水木清芬书画社中的学习成果赞不绝口。他们看到家长们经过在水木清芬书画社的学习和不断的练习，书法绘画技艺有了明显进步，为家长们在学习中展现出的认真专注和积极向上而感到十分自豪。家长们将饱含心意的春联带回家，与孩子们共同装饰家门，这份亲手创作的新年礼物，让孩子们感受到了家长的用心与对传统文化的热爱。孩子们从家长的创作成果中，获得了更多对艺术的兴趣与对传统文化的认同，也更加增进了亲子间的情感联结。

2024年秋季学期结束，随着新春钟声的敲响，水木清芬书画社的春节活动圆满落幕。虽然活动结束了，但成员们对书画艺术的热爱和对传统文化的传承不会止步。在新的一年里，水木清芬书画社将继续举办更丰富多彩的活动，引导成员们用笔墨书写时代篇章、用丹青绘就美好未来，为校园文化建设注入更多的活力。

社团六:

观影社·感悟人生

在清华附中家校共育的多元图景中,观影社以其独特的艺术形式,为家长与学生搭建了一座心灵对话的桥梁。观影社通过精选人文佳作、组织深度交流,将光影艺术与家庭教育深度融合,让家长与学生在沉浸式体验中拓宽视野、启迪思考,并在情感共鸣中深化亲子联结,为家校共育注入温暖而深邃的精神力量。

在繁忙的学习、工作、生活中,观影社为家长和学生提供了一个沉浸式的精神体验空间。观影社定期组织亲子观影活动,精心挑选各类主题深刻、内涵丰富的影片,这些影片涵盖人文历史、社会现实、情感励志等多个领域。在温馨的周末夜晚,家长和学生早早地来到清晏楼报告厅,大家围坐在一起,气氛轻松而愉快。随着灯光渐暗,大屏幕上开始播放观影社精心挑选的影片。在观看影片的过程中,家长和学生沉浸在剧情里,时而被影片中的感人情节打动,悄悄擦拭着眼角的泪水;时而被有趣的片段逗得哈哈大笑。观影结束后的交流分享环节更是思想碰撞的盛宴，大家各抒己见，从影片的情节、人物，到所反映的社会现象、人生哲理，畅所欲言。

一、光影为媒，搭建心灵对话平台

2024 年秋季，一场亲子观影活动结束后，观影社正式成立。观影社的诞生源于家校共育理念的深化探索。随着社会节奏的加快，电子产品逐渐占据家庭交流空间，家长与孩子的情感距离悄然拉大。家委会在调研中发现，许多家庭渴望找到一种既能缓解压力、又能促进亲子互动的活动形式。在此背景下，家委会提出"以光影为媒，以情感为链"的设想，观影社应运而生。

观影社成立的初衷是让家长走进校园，体验校园内的亲子时光。在中学阶段，家长与孩子各自忙碌，连日常三餐都难以相聚，所以学校和家委会希望搭建一个愉悦的活动平台，让家长与孩子共享相伴时光。他们或携手漫步校园，欣赏清华附中的美景；或相伴共进晚餐，一起品尝清华附中食堂的美食；或深入探讨影片的背景与知识；抑或和久未见面的朋友一起相约观影、共话家常。其乐融融的氛围让孩子们在紧张的学习生活中得到了放松，也让家长们忘却了一周的疲惫。

二、协同联动，打造专业观影生态

　　观影社由家委会主导，形成"核心策划组＋家长志愿者"的二级体系。核心策划组由家委会成员与有影视背景的家长组成，负责影片筛选、活动设计与资源整合，并提供观影引导与主题解析；家长志愿者团队的分工涵盖宣传推广、现场协调与综合保障等。

◀ 观影社核心策划
组与家长志愿者合影

　　每学期初，核心策划组根据教育主题制订观影计划，形成"选片—预热—观影—研讨—反馈"的完整闭环：选片标准兼顾艺术性、教育性与趣味性，涵盖成长励志、历史人文、社会现实等多元主题；活动流程包括观影前发布背景资料与思考题，观影中设置沉浸式体验环节，以及观影后组织讨论与点评；反馈优化则通过问卷收集家长与学生的建议，动态调整活动形式。

三、多维融合，激活教育新场景

观影社自成立以来，吸引了大量家长和学生的参与，通过亲子观影，不仅促进了亲子交流，还增强了家长和学生对多样文化的理解和欣赏。

（1）文化育人结合亲子互动。通过亲子观影活动，既能传播电影文化，又能搭建家庭交流平台，增强家长与孩子的情感联结，促进文化理解与包容。

（2）批判性思维培养。讨论会环节鼓励观影者发表独立见解，以及通过开放式对话培养观影者的分析能力，这都符合"以学生为中心"的教育理念。

（3）跨界资源联动。携手影评人、其他社团等联合策划亲子观影活动，通过"映后沙龙"为观影者搭建认知桥梁，同时提升活动品质。

（4）可持续性发展。建立活动评估体系，定期总结经验并调整方案，确保活动具有长期的吸引力。通过问卷反馈优化影片选择和环节设计。

四、星光熠熠，照亮共育前路

从情感升温到文化自信。亲子观影活动的家庭参与度持续攀升，观影社累计举办四期活动，覆盖千余个家庭，亲子共同出席率超过 75%；教育成效显著，家长反馈"通过《抓娃娃》理解了适度放手的重要性"，学生则感慨"《里斯本丸沉没》让我更珍惜和平年代"；文化影响力扩大，活动报道被"清华附中家校共育"公众号转载，阅读量剧增，吸引多校效仿学习。

五、光影无界，共育长青

从动线引导到应急保障，从设备调试到摄影记录，观影社用行动诠释"教育不是独奏，而是合奏"。这份家校协同的温暖正如一位母亲在感言中所写："未来回望附中岁月，定会记得这个与孩子共流泪、共思索的夜晚——爱的教育，原就藏在共同经历的光阴里。"

光影流转，初心不改。观影社将继续以银幕为窗，照亮家校共育的漫漫长路，让每一帧画面都能使亲子之间产生共鸣，让每一次对话都化作成长路上的指明灯。在这里，电影不仅是艺术，更是爱的教育。银幕内外，家校携手，共赴一场永不落幕的生命之旅。

观影社案例一：

携手观影，共话历史

2024 年 11 月，清华附中的校园里迎来了一场温暖而深刻的亲子观影活动。经过家委会社团公益部的精心筹备与组织，11 月 8 日晚，600 余名家长和学生齐聚清晏楼三层报告厅，共同观赏了电影纪录片《里斯本丸沉没》。作为本学期第三次亲子观影活动，本次活动的报名人数超过了前两次，再创新高。

在这个期中考试刚刚结束、氛围轻松的周末，家长们纷纷提前抵达学校，与孩子们一起享受这难得的亲子时光。

《里斯本丸沉没》讲述了第二次世界大战时期一段鲜为人知的历史：日军征用的一艘名为里斯本丸号运输船在中国浙江舟山东极岛海域被鱼雷击中后沉没，当时在船上的 1000 余名英军战俘只能跳海自救。危急关头，中国渔民挺身而出，冒着生命危险成功救起 384 名命悬一线的战俘，而其余 800 多人则随船沉入深海。

放映厅内，家长和孩子全神贯注地观看着屏幕上的黑白影像，随着影片翻阅那泛黄的信件与档案。起初，有的孩子对影片并不太感兴趣，但随着剧情的深入，他们越来越专注，表情也越来越凝重，甚至有人流下了感动的眼泪。影片所表现的抗争、不屈、乐观和善良，深深地触动了每一个人。"多带些纸巾"是很多第二次观看此片的家长的真诚建议。

◀ 家长与孩子的全神贯注观影现场

在片尾，得知仅有的三位亲历者在影片拍摄后不久相继离世，大家更加深刻地理解了方励导演所说的"抓住了历史，抢救了历史"的含义。随着屏幕上长长的战俘名单与施救渔民名单缓缓滚动升起，整个报告厅响起了掌声。

短短的两小时，家长与孩子共同沉浸在这部深刻而富有教育意义的纪录片中，本身就是一种难能可贵的学习与成长。观影社通过观看优秀影片这种形式，自然而然地在孩子们的心中播下了爱与和平的种子，激励着他们成为懂得珍惜、勇敢担当的新时代青年。

观影结束后，家长和孩子边走边聊，彼此之间仿佛有说不完的话，从影片的剧情、导演的手法聊到文学、志愿服务等多个领域，这种深入且广泛的交流让亲子关系更加紧密。更令人欣慰的是，有的孩子还主动谈起了刚结束的期中考试，展现出积极向上的乐观态度，让家长们欣喜地看到了他们的成长与进步。

观影社案例二：

温情相伴，心灵汇集

在 2024 年 11 月的月末，第四次亲子观影活动如约而至，仅 30 分钟报名就达到座位上限。家长们首先来到学校餐厅，与孩子们共享美食，重新体会校园的美好生活，仿佛时光倒流，体验别样的青春。

学校报告厅内光影流转，一场别具特色的亲子观影活动拉开帷幕。近百个家庭齐聚一堂，共同观看西班牙高分动画电影《机器人之梦》，在温暖诙谐的故事中感受科技与人性交织的魅力，并由此展开一场关于梦想、友谊与成长的对话。

《机器人之梦》是近年国际影坛备受瞩目的动画电影，由西班牙导演巴勃罗·贝格尔执导，以细腻的手绘风格和充满哲思的叙事脱颖而出。影片讲述了一只孤独的狗与废弃机器人相遇后，彼此陪伴、共同成长的奇幻旅程，虽未使用一句对白，却通过生动的画面与音乐传递出关于孤独、离别与自我救赎的深刻思考。在观影过程中，孩子们被机器人憨态可掬的动作逗得笑声不断，而家长们则对故事中隐喻的情感共鸣频频感叹："没想到动画能如此打动成年人。"

映后交流环节，大家争相分享观后感。"机器人即使不会说话，也能用行动表达善意，这让我想到 AI 助手的温暖设计！"一名初一学生兴奋地说道。家长们则从教育视角展开讨论，一位母亲坦言："电影教会孩子珍惜陪伴，也让我反思科技时代如何平衡工具与情感。"

亲子观影活动选择在周五，目的就是让忙碌一周的父母与孩子在快节奏的北京不用出校门就可以通过这种高效的方式放松。家庭亲子关系更加和谐友爱，"快乐周五"让人期待，也是孩子们紧张的中学生活里让人记忆深刻的片段。当父母与孩子浸染在电影带来的欢笑和泪水中时，心靠得更近了，生命也更加丰满了。

▶《机器人之梦》亲子观影活动现场

社团七：

健康社·构筑防线

健康社现有医生家长近 200 人，几乎涵盖全部医学领域，是一个专业社团。该社团历任团长均来自医疗行业，成员具有不同的医学专业背景，项目策划严谨，活动也严格遵循专业、规范的标准开展，从策划筹备到活动现场处处秉承着"专业"的理念。该社团在各社团中建立完善的 SOP，既推动专业社团的可持续发展，又致力于让每位参与者获得最大收益。

一、明确统一的组织领导

健康社运营顺畅的最主要动力在于明确统一的组织领导力。健康社的历任团长都是医生家长，既有过硬的医疗专业背景，又有热情敬业、积极严谨和敢于担当的责任意识，是推动健康社组建发展的核心要素。在团长言行和榜样的作用下，团队的凝聚力和向心力得到加强，全校医疗专业家长纷纷自愿加入健康社，健康社明确了做事热情和科学专业精神有机结合的方向。健康社成立之初建立的医疗专业家长支持性微信群，人数至今有增无减。毕业多年的医生家长仍心系清华附中，积极响应社团各类活动的号召，以此来感恩清华附中。

二、合适的活动时间

活动时间是否合适决定了社团活动策划的成功概率。医生、教师和学生三个群体有一个共同的特点——自由时间有限。活动举办的时间影响着最终活动出席人数、出席者逗留时间及活动受关注的程度。所以，在策划活动时，就要反复斟酌合适的日期、活动开始的时间和活动时长，既要考虑师生的自由时间，又要兼顾医疗专业家长的工作时间，还要避免上下班高峰时段。合理安排活动日程可以确保社团活动的顺利进行。

三、遵守原则的资源利用

利用医生家长资源要掌握好原则。组建医疗专业家长支持性微信群，主要是为了帮助时间不自由的清华附中老师减少就医过程的时间成本，并针对家长和学生进行健康宣传引导。应该明确的是，医生家长无法帮助全校家长和学生解决就医问题。受熟人委托，给别人看病，可能影响医生的常规诊疗工作，医生的诊疗习惯和诊疗自主性也可能受到不同程度的限制，诊疗主导作用被削弱。与医生家长结识是缘分，遇到困难寻求帮助一定要掌握原则，自己和直系亲属或其他生命攸关的情况可以考虑，但也要注意遵守最基本的礼仪，切记求人的额度不是无限的，一定要珍惜使用的机会。

四、经验沉淀的规范流程

流程规范化是社团活动持续高质量开展的保障。经过几年活动的经验沉淀，我们通过与承担社团工作的家长访谈，记录他们组织活动的具体过程，将关键的操作步骤整合成一套固定的动作方式。这种做法能促进有效的知识管理，在社团工作的家长随着孩子毕业而退出社团后，新加入的家长可以学习规范流程，负责各部分工作的家长只要按规范流程操作即可保证工作效率和工作质量。

五、部门内外的沟通协调

沟通协调是提升活动效率和质量的关键。社团内部要建立信任关系，相信彼此的能力和诚信，在共同策划、共同实施和共同享受成果的过程中，社团凝聚力也逐渐增强。在活动过程中，社团成员通过与其他各部门的交流沟通，增加了对各部门的了解，可以明确了解彼此的工作进展和需求，实现资源共享；通过沟通协调增加了合作体谅，各部门团结协作推进了健康社工作的顺利开展和进行。

令人惊喜的是，健康社的活动带来了一系列的社会效应。健康社的活动经过公众号报道后，我们收到很多来自其他学校家长及社会层面的肯定，也看到非医疗专业家长们对相关文章的纷纷转发……针对此类活动，期待更多学校模仿、实践，更多行业积极行动，每个人都去做一些实实在在的事情。希望这样的暖心场面不断涌现。我们的力量虽然有限，但相信这种连锁效应对于整个社会都会具有积极正向的影响。健康社也将不断汇总以往的经验和遗憾，继续探索更多的服务模式和更广的服务范围，为师生家长带来更多福祉，助力"家校社医"的构建。

健康社案例：

健康讲座和联合义诊

健康社成立至今，在全体成员的共同努力下，聚集了全校的医疗专业家长，重点做好两件事：举办一系列的健康讲座、举办多学科的联合义诊。

一、健康讲座

统筹规划，制订全面、详细的讲座计划，是讲座取得实际效果的保障。在制订计划时，要充分考虑到时间的合理分配，以便让师生或家长在听讲过程中更好地消化和吸收知识。讲座前期要开展宣传策划，后期要及时进行资料收集和备份，从而实现资源共享。要尽早通知与讲座相关的主题、举办时间和地点、主讲嘉宾的简要信息，以便参与者提前预留时间。在讲座当天，工作人员需要提前进行场地布置和设备调试，确保讲座能够顺利进行。同时，主讲人应做好准备，清晰地表达出讲座的目的、内容和重点。在讲座进行中，组织者可以通过增加主讲人与听众互动的机会，如提问、讨论，提高听众的参与程度，提高交流和学习的效果。此外，组织者还要做到定期反馈评估，即定期收集参与者的反馈意见，结合大众需求有针对性地对后续开展的活动做出调整和改进，提升活动的质量和参与度。每一次精彩的讲座都是对社团工作的有力宣传。

策划出一个好的讲座主题，意味着讲座成功了一半。预先了解师生和家长的兴趣点，根据听众的兴趣点有针对性地设计内容，可以提高师生和家长的参与度与学习效果。讲座选择多样化的内容可以满足不同人群的需求，避免因缺乏兴趣，导致参与率较低，无法发挥宣传健康知识的效果。比如面向教师群体，很多教师存在多项健康问题，既有"职业病"，也有因为没时间看病而导致的劳损积累。针对教师的常见健康问题，社团有针对性地邀请相关领域的医生家长开展专项指导，内容涵盖颈椎病防治、体检报告异常情况解读、宫颈病变筛查及科学减脂方法等，既提供预防建议，也给予专业治疗指导。听完讲座，有具体问题的听者还可以选择一对一咨询。学生在学校是集体生活，在呼吸道传染病高发期间，社团征集各类资源，包括参与"硬科普专项行动"，通过呼吸科专家提供小贴士、科普讲座、筛查讲解和义诊咨询等模式，帮助教师和家长深入了解青少年呼吸健康的重要性，尤其在呼吸道传染病高发期，关爱青少年群体的身心健康，掌握预防流感等呼吸道疾病的有效方法，家校共同为孩子们的健康护航。所以，选取有价值的讲座主题和范畴是讲座成功的关键。在今后的工作中，社团还将积极与各大医疗机构开展合作，通过引入健康主题日等活动实现互利双赢。

一些有效的宣传手段可以带动师生和家长参与讲座的积极性。活动的宣传是一项非常艰巨的任务，直接关系着活动的到访率。目前社团发布通知的主要渠道微信交流群——教师和家长分别交流的基础平台，虽然大多数教师和家长能时常在线，但教师每天沉浸于应对学生的繁忙中，很多非教学的信息会被漏掉。家长对于非班主任发布的消息，很多时候也会选择忽略。如何有效地宣传，从而让更多人了解讲座的相关信息，提高认知和影响力，一直是社团在探索的问题。在发布渠道上，为了提升家长的关注度，可以考虑借助有教师的交流群。日常也要注意更多地进行正确的信息传播和引导，改变师生和家长的观念与行为，打造良好的学习舆论氛围。可以考虑搭建多种形式的宣传媒体，如海报或微信图文等，那种让人看一眼就能了解到发布的大部分信息的形式，这样有利于提高信息的被读取率和传播速度。

▲ "HPV 与宫颈癌变"讲座海报

▲ "中年重启 始于盆底"讲座海报

▲ "喷嚏退散 畅享春天"讲座海报

▲ "挣脱疼痛焦虑 享受美好睡眠"讲座海报

二、联合义诊

（1）义诊时间的选择。义诊时间的选择一直是义诊活动最重要的一个环节。义诊活动一直由健康社和学校工会联合组办。被称为"贴心管家"的工会对老师的需求最为熟悉，有工会的帮助，选择合适的义诊时间和提前了解老师们的就医需求，有助于更好地为老师们提供个性化的义诊服务。很多清华附中的老师为了提升自身素质，默默地利用休息日进行经验和问题的总结、各种新技能的培训和各部门沟通汇报。而医生家长的忙碌也是一种工作常态。协调好这两个人群的时间是义诊成功举办的关键。社团通过对前两次义诊的经验总结，并结合工会老师的不断调研，在第三次把义诊时间调整为工作日的下班时间，这样医生家长可以提前规划好时间来到学校，根据工会提前发布的义诊医生信息，还有工作任务的老师可以抽空到现场定向问诊，不能来现场的老师可以委托其他人把体检报告带到现场代行问诊，大部分下班的老师则可以安心就诊。

（2）义诊筹备要专业。义诊筹备期间，现场需要的挂号条和桌牌等小物件的设计也在不断完善，文字够大，内容简洁清晰，还制作了现场大屏幕循环播放的义诊医生关于医院和擅长领域等的简短介绍，这些准备可以方便就诊老师快速找到就诊方向。与此同时，由医疗专业的家长根据报名医生家长的专业和学校的义诊空间，合理规划义诊排位，将涉及隐私的科室安排在单独的房间或隐蔽的空间，将带有大型检测设备的科室安排到空间比较大的边缘，将可能有交叉会诊的科室安排在邻近诊桌。分诊台也安排有医疗专业家长坐守，根据老师的诉求，快速地把相应科室的挂号条递过来，这时边上站守的非医疗专业家长志愿者会及时出现，负责引导就诊，通过一系列"专业"的服务，让老师在最短的时间内到达诊疗位置。

（3）多学科专家团队合作义诊。征集不同领域的医生家长组成团队，可以为老师们提供全面的诊疗服务，这种多学科合作的方式能够确保老师们得到综合的、个体化的治疗建议。义诊现场，每次均有来自各大三甲医院、不同专业的几十位医生家长走进清华附中，细心为老师们解答体检中呈现的问题，对不适症状加以判断，根据每个老师的具体情况和需求，制订个性化的诊疗方案，包括综合考虑年龄、性别、健康状况、生活方式等因素，提供适合他们的治疗及进一步诊疗建议。各位专家一同出现在学校可以帮老师们快速解决问题，节省时间。医生家长们利用自己的专业技能回报学校和老师，老师们也定会恪守教书育人的职责，继续做好本职工作，更好地指引孩子们成长。

（4）义诊一直在跟进。义诊虽已结束，但是对老师健康的关怀一直没有停。社团会征询、汇总参加义诊的医生家长的建议。这些建议和反馈包括需加强颈肩痛和腰背痛的宣教和预防，适当增加颈椎操等；减少嗓子和气息损耗；缓解压力、增加运动、低脂饮食等一系列针对身心健康保障方面的建议。这些建议会被及时地反馈给工会。义诊现场，有需求的老师会和医生家长互留联系方式，方便后续跟进；医生家长也纷纷表示，后续老师们如有就医需求，可提前沟通，预约诊疗时间。

（5）清华附中是幸福的港湾。在举办的三次义诊活动中，两次是在教师节，一次是在感恩节。"你投我以桃，我报之以李"，这样的暖心场面是清华附中的全体家长送给老师们最特别的节日礼物，让老师们在这特殊的日子里幸福备至，也在家校之间搭起更加温暖、融合的桥梁——做清华附中的家长是幸福的，可以放心地把孩子交给老师，自己跟着学校进行终身学习；做清华附中的老师也是幸福的，在病痛面前，有真诚的守望相助、遮风挡雨。有了幸福的家长、幸福的老师，孩子们也一定可以是幸福的。

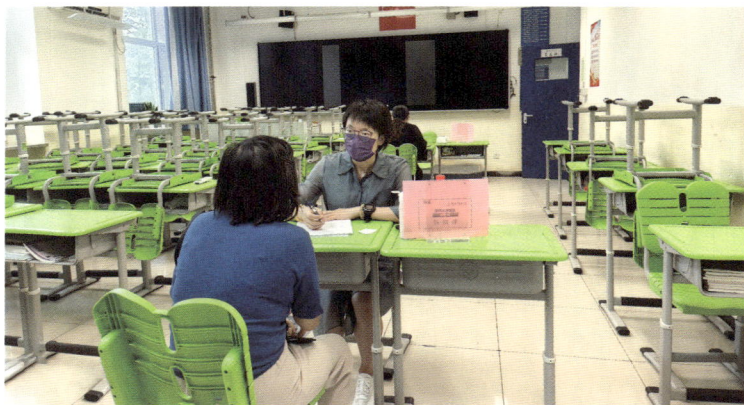
▲ 义诊中的医生和老师 1

▲ 义诊中的医生和老师 2

▲ 义诊中的医生和老师 3

第五章

综合保障部

部门定位：

家校共育后勤保障

在教育理念不断革新、家校社协同育人愈发重要的当下，家委会作为连接家庭与学校的关键桥梁，肩负着重大使命。除了在教育教学领域发挥作用，家委会在学生日常生活保障方面的服务职责也日益凸显。在此背景下，家委会综保部应运而生。

一、综保部的成立背景与深远意义

随着教育的发展，家校社协同育人成为推动学生全面发展的关键力量。家委会是家校沟通的重要纽带，其综保部的成立旨在紧密配合学校，全面落实各项综合保障服务，满足学生在校服、交通安全、食堂服务、入校报备、家校共育专项基金对接、迎新工作等多方面的需求。通过整合家长资源，综保部为学校教育教学活动、学生成长及家校沟通搭建起全方位、精细化的支持平台。

此前，家长参与家校合作虽热情高涨，但缺乏系统的组织与协调，支持工作零散、效率不高。综保部的成立有效解决了这一问题。该部门凝聚家长力量，构建起有序、高效的保障体系，提升了家校合作效能，为学生营造了更优质的成长环境。

二、核心职能、工作原则和工作难点

1. 核心职能

综保部的核心职能是紧密配合学校，完成各类综合保障服务，切实满足学生在校服、交通安全、食堂服务、入校报备等方面和家委会在采购、报销等方面的需求，为学生健康成长、家长安心放心、家委会活动顺利开展提供坚实保障。

2. 工作原则

（1）学生利益优先。始终将学生的需求和安全放在首位，一切工作围绕保障学生权益展开。

（2）与学校通力合作。积极主动地与学生发展中心、资源保障中心等部门沟通协作，协助学校完成各项工作任务，及时协调并解决工作中出现的问题。

（3）高效管理。对综保部的人力、物力等资源进行合理调配，提高工作效率。

（4）家长参与。鼓励家长积极参与综保部的各项工作，广泛收集家长的反馈和建议，推动综合保障工作不断改进和完善。同时，把握好"度"，对学生不"包办"，避免阻隔其自主成长的机会，对学校不过度干预。

3. 工作难点

（1）突发事件应对。在校服、食堂服务等方面易出现突发事件，可能引发舆情风险。面对此类情况，需及时关注动态，做好舆论引导工作，并迅速解决问题，必要时寻求学校相关部门的快速支持，共同妥善处理问题。

（2）工作繁杂精细。综保部工作涉及多个方面，与学校多个部门对接，工作内容烦琐细碎，且必须确保准确无误。为实现与学校的有效沟通，相关家委会成员需较频繁地进出校园开展工作。

三、具体职责模块

综保部的工作基础且贴近实际，按服务内容可分为衣、食、行、财四个方面。

1. 衣

校服是学生日常穿着的必备物品，其质量、款式及售前售后服务备受家长和学生关注。校服工作是综保部的重要工作内容，主要包括校服招标、新生入学校服事务和校服日常监管三大板块。

■ 校服招标

综保部成员是招标委员会的重要组成部分。在招标过程中，综保部成员认真研读标书，仔细听取投标厂家的汇报，实地考察厂家的生产情况，严格把关校服合同，同时积极调研校服厂家并推荐高质量的校服厂家参与投标。例如，2023 年，在当时综保部负责人的大力推动下，成功引入一家新的知名校服厂家，形成了两家供应商共同为清华附中学子提供校服服务的格局。

■ 新生入学校服事务

在初一和高一新生入学之前，就要进行校服的统计；在开学初，通常要进行校服的现场发放和调换。这些都需要提前和学校及校服厂家进行协调。

■ 校服日常监管

校级家委会安排专人负责，具体工作包括：①密切关注年级大群和校服群，确保每班至少有一人在校服群，以便及时获取信息；②在校服群内，针对每个问题直接与厂家沟通，持续关注问题解决进展，将此作为常规工作；③针对开学季校服供应慢的问题，与厂家协商，探讨通过预订校服（如寒假放假前预订春季校服）的方式来缓解；④在新款式推荐上，以学校意见为主，结合厂家建议共同推进；⑤必要时，组织召开家长代表和校服厂家的正式沟通会，以提升校服服务质量。

▶ 2023 年 3 月校级家委与清华附中负责领导探讨新款校服方案细节

2. 食

综保部负责及时收集家长和学生对食堂服务的意见，加强与食堂管理部门的合作，推动食堂服务的改进。同时，综保部要增进家长与学校后勤部门的交流沟通，提高家长对食堂工作的了解程度，更好地解答家长疑问，进而消除误解。

每学期，综保部按每月一次的频率，轮换组织初一到高三的其中一个年级约六名家长代表入校品餐。品餐代表通过全年级随机报名产生，品餐日期不提前通知学校。每次品餐都采用聚餐形式，每位家长所点的餐各不相同。餐后，综保部收集家长意见与建议，形成品餐小结并反馈给学校负责人。品餐活动得到家校共育专项基金的支持。

邀请家长走进食堂参观品鉴，"零距离"了解食堂工作，已成为清华附中家校沟通的常态化工作。每学期，学校与家委会合作，邀请家长代表参观食堂、品尝餐食，以开放、透明的方式增强学生、家长和学校之间的信任。学校积极采纳家长的合理建议，不断优化饭菜质量，提升服务水平，全力保障学生的饮食健康。

◀ 2024 年 3 月 5 日
毕业学部家长代表深入食堂调研现场

3. 行

综保部在"行"这方面的工作主要包括西门辅助值勤及家长入校的报备信息收集和上传。

（1）西门辅助值勤：综保部分配专人负责值勤安排和协调工作，拟定了标准值勤流程，实行从校级家委到年级家委再到班级家委的三级负责制，确保值勤工作高质量完成。在每个年级值勤结束后，综保部发表公众号文章对其进行表彰，以营造温馨的家校共育氛围。

▶ 2023 年 12 月高 23 学部西门值勤撷影

（2）家长入校的报备信息收集和上传：出于保密需要，由综保部负责人或指定部门专员负责此项工作。应按照标准报备流程开展工作，确保从决定报备到报备完成的整个流程形成闭环操作。

4.财

家委会的各项工作得到了家校共育专项基金的支持，从基本物资的采买到专家的聘请等都涉及基金的使用。

为此，综保部专门设置了采买岗位和基金报销岗位。采买岗位家委负责各类物资的采买，如家委会主办或协办的大型家校共育活动所需物资的采购。基金报销岗位家委首先对提交的报销材料进行审核，然后找家委会会长及学校主管领导审核签字，最后与基金财务老师对接来完成报销工作。综保部拟定了报销标准流程，撰写了家校共育专项基金报销问答，完善了基金报销模板，极大地便利了报销工作，减少了校级家委或志愿者因公垫付资金却因各种原因长时间不能报销的情况。

四、显著成效与深远影响

1.减轻学校后勤工作负担

综保部切实承担起学校后勤事务的部分工作，有效减轻了老师们的工作压力，使学校师资能够将更多精力投入到教育教学中，这也是学校和家长共同的期望。

综保部与资源保障中心密切合作，共同保障学生的衣、食、行，在让家长们更安心、放心的同时，减轻了校方的工作压力，使学校相关老师能更好地投入到整体运营和后勤保障工作中。

2. 深化家校合作关系

综保部在衣、食、行、财等方面的沟通协调工作，有效增强了家校之间的紧密联系与相互信任。家长对学校工作有了更深入的了解，参与学校事务的积极性显著提高；学校也能更广泛地倾听家长声音，根据合理建议不断优化教育教学和管理策略。这种良性互动不仅深化了家校合作，更形成了强大的教育合力，为学生全面发展提供了有力保障。

3. 全方位支持学生成长

综保部全力满足学生在校服、交通安全、食堂服务、入校报备、家校共育专项基金对接、迎新工作等方面的需求，家长和学生成为直接受益者。家校紧密合作营造的和谐氛围为学生身心健康发展奠定了坚实基础。

综上所述，综保部在家校共育中发挥着重要的后勤保障作用，既保障了学生的衣、食、行，也保障了家委会的正常运营，是家委会不可或缺的一个职能部门。

综保部案例一：

清华附中校门口交通疏导

北京市教育委员会鼓励家长参与校门口交通值勤，所以北京市各中小学都有这个举措。在别的项目上，家委会在尝试"人无我有"；随着综保部的成立，家委会在这个项目上实现了规范化执行和温暖化互动，力争"人有我优"。

清华附中校门口的交通值勤始于 2016 年，最初是每个年级轮值，每个班出人。到 2023 年，值勤流程实现了标准化，并分为校级家委、年级家委和班级家委三级管理。在校级家委层面，配备了专门负责值勤的人员，建立了有各年级负责人的值勤群，拟定了值勤工作指南和报名表格格式。在年级家委层面，针对每次值勤轮值，每个年级家委会设有值勤负责人、值勤提醒人、值勤公众号文章撰写人，从值勤日程表建立、志愿者招募、值勤群建立、值勤提醒、值勤打卡、值勤建议发表和收集，到值勤公众号文章的撰写、打磨和发表，已形成完整的流程体系，并在实践中不断总结、更新、改进。

虽然值勤是一项线下的工作，但在线上也充满了温暖。值勤群内，可以看到家长彼此间的提醒、经验分享，以及给他人的点赞和加油。学部大群中，也可以看到家长之间的欣赏和致谢。

每次值勤结束后，值勤家长们都会在值勤群中发表"小作文"对当次值勤任务进行总结，有问题的发现，有温馨的提示，有合理的建议，每次的"小作文"都很有针对性。

将群内"小作文"归纳一下，主要有以下几点。

1.建议提高上下车效率

下车最好让孩子自己拿书包，有的家长从驾驶室下来后，再从后备厢拿出书包，递给孩子，再将其送过马路，耗时较多。

提前做好下车准备工作，拉好羽绒服的拉链，要戴帽子和手套的，下车前在车里戴好，包和人放在一起，下车时随身带下书包。

2.建议机动车规范行驶和停车，确保通行效率

个别车辆长时间停在校门南侧主路边，造成后方车辆排队拥堵，因此很多孩子只能在离校门几十米远的地方就下车，然后走机动车道、从机动车之间穿行到校门

口，非常危险，看着让人揪心。建议接送孩子的家长们做到即停即走，切勿长时间占道停车。

北侧的逆行车辆大部分都是骑车上学的孩子和骑电动车送孩子的家长，建议家长尽量提前把孩子放下，不必非要送到大门口，减少大门口的交通压力。

3. 提醒孩子们下车后注意路况，确保安全

孩子们过辅路的时候一定要慢行，不要跟电动车抢行。

要叮嘱孩子们过马路时不要跑动，不能低头不看路，不要戴耳机，不要看手机、打电话等，电动车速度特别快，要早一点做出预判。

4. 表达感动、温暖的瞬间

一位爸爸送完闺女，真诚地说"你们的工作还真挺辛苦的"。温暖瞬间从我的心底迸发，手里的小旗挥舞得也更带劲儿了。

附中的家长和孩子素质都很好，大部分能做到快速地下人走车，并然有序。提醒孩子们"注意电动车"时孩子跟我说'谢谢'，感觉内心非常的温暖。

很多志愿者家长看到了协管员大姐、交警和保安的不易与认真，向他们表达了敬意和谢意。

交警、交通协管员、保安们都各负其责、各司其职，忙而不乱，秩序井然。

校门口的保安和辅警确实很敬业。

辅警美女关键位置靠前指挥，尽职尽责。

辅警大姐忙里忙外地指挥车辆，不停吆喝，很尽责。

……辅警指挥若定。校门口的保安也很给力，一个骑车的孩子远远地摔倒了，保安急忙跑上前扶起孩子，帮孩子拎着书包一路送进了校门。7点出头的时候警车也来'镇场'了，感觉校门口的车流更加有序了。

我们刚刚就位，警车就拉着警灯缓缓地停在了校门口，保安们也一字排开、严阵以待，第一次发现附中的放学仪式感满满。

不管刮风下雨，不论雨雪冰霜，她始终都是这样兢兢业业地为孩子们保驾护航，能有这样的辅警真的是孩子们的幸运！

5. 思考和讨论

家委会公众号文章中也对一些问题进行了深入思考和讨论，例如高 23 学部值勤公众号文章中对值勤意义的探讨："附中门口有辅警有保安，家长志愿者值勤真有必要吗？真的很有用吗？"想必不少家长包括值勤志愿者本人都有过类似疑问。

通过实践，家长们对这个问题有了更深入的思考，并给出了肯定的答案。首先，穿上红马甲，举起小红旗，往那里一站，不管是骑车的还是开车的，只要看见了，也许脑子里想都没想，就都会谨慎一些，作用已经有了。早晚高峰，清华附中门口这几十米的交通顺畅，不单单对我们清华附中重要，对中关村北大街的交通顺畅，乃至对整个海淀的交通顺畅，估计都有影响。参与值勤的家长肯定会对家长及孩子应注意哪几方面有更深切的体会，自身接送孩子会更加注意安全，也会叮嘱孩子注意。

其次，值勤的精神意义也很明显。接送孩子的家长、上下班的老师、上下学的孩子，看到校门口的值勤家长，心中会是温暖的。值勤的辅警、学校的保安，每天都有不同的值勤志愿者在旁协助，会感到自己的工作是有价值的。每日早晚，来来往往的人流，看到清华附中门口无惧寒暑的志愿值勤家长，应该会感受到这是一所有温度、有情怀、家校和谐的学校。

每次值勤后，学校都会对值勤志愿者进行致谢和表彰，家校共育也是对彼此的认可、表扬和感恩。

"幼吾幼以及人之幼"，我们的孩子不仅被自己的父亲爱的高 23 学部交通值勤志愿者家长们：

　　祝贺高 23 学部家长圆满完成了孩子入校以来第一次早晚高峰的交通值勤工作，诚挚地感谢每一位参与本轮值勤的组织者和家长志愿者！

　　无论是突降的暴雪还是骤起的寒风，不变的是你们为爱守护的身影，挡不住的是你们为爱护航的暖心之举。你们面染晨霭，身披暮色；你们心中存爱，向美而行。一早一晚，清华附中门口，身穿红马甲、手执红色小旗的你们，和交警辅警一起承担着维护校门口交通安全的责任，为师生安全出行树立了一道安全屏障，是清华附中学子的温暖守护者！

　　你们精神抖擞，昂首站立于校门两侧守护着交通秩序："同学你好，过马路请注意安全！""家长您好，车辆请靠边有序停放！""家长您好，请戴好安全头盔！"一声声叮嘱，一句句问候，时而关照孩子有序入校离校，时而挥旗示意阻碍交通的车辆及时驶离……忙碌的身影感动着大家。

　　身教重于言传，你们用实际行动为孩子们树立了良好的榜样，在孩子们心中播撒下奉献和爱的种子，生动地营造出良好的道德品质建设环境。

　　再次衷心感谢各位家长志愿者的无私付出！期待在未来的日子里继续与大家携手同行，汇聚家校共育的磅礴力量，共同奔赴最美的未来！

清华附中学生发展中心
资源保障中心
家委会
2024 年 1 月 15 日

▶ 学校对高 23 学部的表扬信实例

母照顾，也被全校的家长照顾，还有老师、保安、民警、辅警等的多方护航，这种和谐、关爱一定会让孩子们更阳光、更安心。

综保部案例二：

共建健康校园食堂

  " 民以食为天"，孩子们的在校餐饮问题始终牵动着每一位家长的心。饮食安全、菜品质量、价格合理性、营养搭配，甚至是食材来源和烹饪方式，都是家长们关注的焦点。家长们担心孩子们蔬菜摄入不足、食材不够新鲜、菜品过于油腻、饮料含有添加剂及食堂使用预制菜等问题。为此，综保部积极行动，搭建家校沟通桥梁，通过组织活动和日常反馈机制，切实保障孩子们的饮食健康。

一、家校联动，共筑饮食安全防线

目前，家校在食堂方面的合作主要分为两种形式：一种是家委会主动组织的活动，另一种是响应家长意见的日常沟通机制。

1. 主动组织活动

每学期，综保部会组织各年级家长代表开展"入校品餐"活动。该活动由综保部专岗负责人统筹，联系各年级家委会负责人，召集家长代表，随机选择日期对食堂进行突击检查。这一活动得到了家校共育专项基金的支持，确保每学期家长们都有机会亲自走进食堂，近距离了解孩子们的饮食情况。"百闻不如一见，百见不如一尝"，通过亲身体验，家长们对孩子们的在校饮食更加放心。

2. 响应性举措

家委会通过年级大群、班级家委会等渠道，及时收集家长对食堂的意见和建议，并反馈给学校相关部门。无论是食材质量、菜品口味，还是食堂管理问题，家委会都积极跟进，确保问题得到有效解决。

二、实地调研，推动家长疑问解决

家委会多次组织家长代表对食堂进行实地考察，并针对家长关切的问题展开专项调研。在社会上热议预制菜问题时，家委会迅速将家长的担忧反馈给学校，并与学校主管部门沟通，确保食堂食材引进的新鲜度和透明度。针对食堂用餐高峰期排队时间长、饮品选择单一等问题，家委会组织家长代表现场参观调研，并与食堂管理部门召开专题会议，提出改进建议，持续跟踪问题整改情况，形成闭环管理。

曾经，一段"预制菜是否可以进校园的视频"引发了热议。清华附中部分家长群里也是"一语激起千层浪"，大家纷纷询问清华附中食堂是否售卖预制菜。

家委会立即响应，将家长的关切提交至学校主管食堂工作的资源保障中心。中心主任与食堂经营负责人再三确认并现场检查后，明确回复："清华附中食堂没有预制菜！"同时指出，虽然国家法规目前还没有规定预制菜能或不能进校园食堂，但为了让学生安心、让家长放心，减少争议，清华附中食堂在可预见的将来也不会引入预制菜。

清华附中食堂一向从严从高标准提供安全、卫生、健康、营养的新鲜餐食供全校师生食用。为加强自主监督管理，发挥老师陪餐的作用，学校领导和全体老师的餐品从原料采购到加工烹制，与学生食堂用的是同一供应商。

随即，家委会组织家长代表们带着问题随机到食堂现场进行参观调研。食堂负责人详细介绍学校食堂采购、保管、清洗、加工、配餐、消毒、留样和人员管理

▶ 食堂参观拼图

留样柜　　　　　　　　自选餐区　　　　　　　　免费汤

等方面的具体做法，并明确表态："请家长们放心，一直以来，附中食堂从严从高标准执行《中华人民共和国食品安全法》和《学校食品安全与营养健康管理规定》等的要求，用心服务，确保师生用餐安全，品质有保障。"

以备受关注的饮品为例，为了孩子们的健康，学校早已禁止食堂售卖包装饮料，仅售纯牛奶、风味牛奶、酸奶等符合要求的营养饮品。因此，当前即使是在可乐冰柜里，也找不到可乐或其他碳酸类、高糖类饮料了。

针对家长们关注的饮料问题，家长代表有时会进入柜台内做"突袭检查"，而且学校和监管部门会按标准进行日常监督检查，食堂不会冒着被处罚甚至被取消经营权的风险而去卖不合规的饮料。

◀ 饮品区

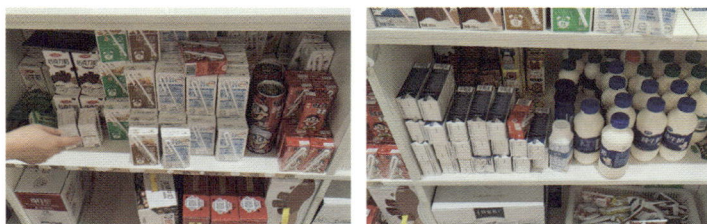

◀ 饮料区内侧底柜

食堂负责人指着奶茶档口介绍道："食堂售卖的奶茶：茶，是当天拿茶叶泡出来的，加的奶，也是大品牌纯牛奶，绝对货真价实。"

家长代表团普遍感觉食堂硬件设备比较先进，菜品新鲜齐全，生进熟出流程合理，环境卫生清洁，标注标识也比较清楚。

现场参观考察不仅让家长代表们了解到学校食堂高

▶ 部分食品展示

标准的日常运营状况，也充分体现了学校和食堂经营方以阳光开放的姿态接受家长的监督，让家长成为学校管理的知情人、参与人。

孩子健康成长是家校共育的出发点，也是家长和老师们的共同愿望，影响孩子健康的因素必将牵动家校心弦。家委会承担起沟通桥梁的作用，通过常态化意见征集机制，持续收集合理化建议，并采取不定期组织家长代表参观食堂、品鉴餐食等措施，增进家校间的了解与信任，共同守护孩子们"舌尖上"的安全。